FRÖHLICHE WEIHNACHTEN, LIEBES CHRISTKIND!

CHRISTINE NÖSTLINGER

FRÖHLICHE WEIHNACHTEN,
LIEBES CHRISTKIND!

EDITION CHRISTINE NÖSTLINGER
IM
DACHS-VERLAG

© 1997 by Dachs-Verlag GmbH.
A - 1220 Wien, Biberhaufenweg 100/38
Alle Rechte vorbehalten.
Druck & Bindung: Theiss Druck, Wolfsberg
ISBN 3-85191-115-6
97 07 25 / 60 / 1

Advent, Advent ...

Advent, Advent,
das Christkind rennt
müde und matt
durch die Stadt,
kommt nicht zum Verschnaufen,
muss eine Hose für mich kaufen.
Bin aber leider kürzer als breit,
und so braucht's halt viel Zeit
bis es eine Hose findet, die mir passt.
Hoffe, dass's mich deswegen nicht hasst!

Erdäpfel und Kohlen

Gruß vom Krampus

Der Nikolaus bringt nur den braven Kindern Zuckerln, Schokolade, Äpfel, Nüsse, Kekse und Mandarinen, den schlimmen Kindern bringt er ein Sackerl mit Erdäpfeln und Kohlen! Das erzählten früher viele Eltern ihren Kindern. Aber am Krampustag brachte ihnen der Nikolaus dann trotzdem ein Sackerl mit guten Sachen, auch wenn sie nicht brav gewesen waren.

Nur der Otto-Hans, das war ein kleiner Bub, der im Nachbarhaus wohnte, bekam jedes Jahr einen roten Krepppapier-Sack mit nichts als Erdäpfeln und Koksbrocken drin. Obwohl die lausige Zeit nach dem Krieg, wo es nur im Schleichhandel gute Sachen gegeben hatte, vorüber war und die Eltern vom Otto-Hans nicht arm waren.

Aber sein Vater war furchtbar streng. Wenn der Otto-Hans am Krampustag seinen Sack vom Nikolaus bekam und enttäuscht sah, dass schon wieder Koks und Erdäpfel drin waren, und wenn er deswegen zu weinen anfing, sagte der Vater zu ihm: „Siehst du, das kommt davon, wenn ein Kind nicht folgen kann, lass dir das endlich eine Lehre sein!"

Dabei war der Otto-Hans gar kein schlimmes Kind. Jedenfalls war er nicht schlimmer als andere kleine Kinder auch. Alle Leute sagten, es sei traurig, dass ein Vater so gemein zu einem Sohn sei. Und der Nikolaus sagte das auch.

Der Nikolaus war der Herr Sokol, unser Hausmeister. Ab Ende November nahm er Krampus-Bestellungen auf. Dann klingelten Mamas aus unserem Haus, dem Nachbarhaus und dem Haus gegenüber an der Sokol-Tür und fragten an, ob der Herr Sokol heuer wieder so lieb sein und, als Nikolaus verkleidet, ihren Kindern ein Sackerl voll Naschereien bringen könnte. Die Mütter sagten dem Herrn Sokol auch, wofür er die Kinder loben und wofür er sie tadeln sollte.

Der Herr Sokol schrieb alles in ein kleines Heft, und wenn er am 5. Dezember als Nikolaus in eine Wohnung kam, holte er das kleine Heft aus seinem Bischofskittel, blätterte drin und murmelte mit verstellter Brummstimme: „Tja ... tja ... tja ... Was haben mir denn meine Engelein, als sie von der Erde zurückkamen, über dieses Kindlein berichtet?" Dann lobte und tadelte er mit erhobenem Zeigefinger drauflos, je nachdem, wie es ihm die Mamas aufgetragen hatten.

Aber der Herr Sokol war ein taktvoller Nikolaus. Wenn er dem Kurti sagen musste, dass der Kurti nicht mehr in der Nacht ins Bett pinkeln solle und nicht mehr mit den Fingern im Hintern stochern, beugte er sich zum Kurti runter und flüsterte ihm das ins Ohr. Und dass die Evi nicht mehr an ihren Nägeln rumbeißen solle, vergaß er überhaupt vorzulesen. Wahrscheinlich, weil er selbst ein Nägelbeißer war und es sich noch immer nicht abgewöhnt hatte. Er lobte lieber!

Richtig böse schimpfte er nur die Kinder aus, die ihn

das Jahr über ärgerten. Da rief er dann: „Wenn du nicht aufhörst, jeden Sonntag im Hof Riesenradau zu machen und dadurch euren armen Hausmeister beim Mittagsschlaf störst, wenn du bei der Bassena weiter mit Wasser rumpritschelst und euer armer Hausmeister das G'wascht hinterher aufwischen muss, bringe ich dir nächstes Jahr nichts mehr, dann kommt der Krampus mit der Rute, steckt dich in seinen Sack und nimmt dich in die Hölle mit!"

Dem Herrn Sokol machte das Nikolaus-Spielen großen Spaß. Aber wenn die Mutter vom Otto-Hans kam und ihn „bestellte", schaute er grantig. Weil es ihm keinen Spaß machte, einem Kind einen Sack mit Erdäpfeln und Koks zu bringen und ihm vorzuhalten, dass es immer noch keine gerade Zeile schreiben kann, dass es keinen Spinat essen will und die Klospülung zu ziehen vergisst, dass es seiner Mutter einmal nicht die Wahrheit gesagt hat und außerdem sofort aufhören soll, zu stottern!

Wenn die Mutter vom Otto-Hans abmarschiert war, sagte die Frau Sokol zum Herrn Sokol: „Ich an deiner Stelle tät der was pfeifen, den Auftrag würde ich nicht annehmen."

Und der Herr Sokol antwortete: „Sie kann ja nichts dafür, das schafft ihr ihr Mann an, und ich kann mich mit dem doch nicht anlegen!"

Der Vater vom Otto-Hans war Postvorstand, der Herr Sokol war Briefträger und dem Postamt zugeteilt, wo der

Vater vom Otto-Hans Vorstand war.

Die Frau Sokol sah das nicht als ausreichenden Grund. „Mach dir nicht ins Hoserl", sagte sie. „Bist ja fix angestellt, er kann dich nicht entlassen."

„Aber schikanieren kann er mich", sagte der Herr Sokol.

Worauf die Frau Sokol „Feigling!" sagte, der Herr Sokol zustimmend nickte und sagte: „Wie man ist, ist man halt!"

Einmal, am Tag vor dem Krampustag, schickte mich meine Mutter zur Hausmeisterin rüber, den Schlüssel für die Waschküche holen.

Die Frau Sokol stand beim Küchentisch und bügelte den roten Nikolaus-Kittel mit dem weißen Plüschbesatz auf. Der Herr Sokol saß auf dem Küchenstockerl und bürstete am Nikolaus-Klebebart herum.

Mitten in der Küche stand ein Wäschekorb mit roten, prall gefüllten Sackerln drin. Auf jedem Sackerl steckte ein Namensschild. Vom Herrn Sokol geschrieben, mit einer Stecknadel am Krepppapier befestigt. Der Herr Sokol hatte ja mindestens fünfundzwanzig Kinder zu beteilen, da konnte er sich nicht merken, welches Sackerl ihm welche Mutter gegeben hatte.

Ich war damals nicht mehr in dem Alter, in dem Kinder an den Nikolaus glauben, also störte es die Hausmeister nicht, dass ich reingekommen war.

„Wart ein bisserl", sagte die Frau Sokol zu mir, „den Schlüssel muss ich von der Brauneder holen, die ver-

kalkte Person hat ihn mir schon wieder nicht zurückgegeben!" Sie stellte das Bügeleisen auf dem Drahtrastel ab und ging aus der Wohnung.

„Willst ein Stück Nussstrudel haben, gerade frisch aus dem Rohr gekommen?", fragte der Herr Sokol. Ich nickte begeistert. Der Nussstrudel unserer Hausmeisterin war einsame Klasse, viel besser als der, den meine Mutter machte.

Der Herr Sokol legte Klebebart und Bürste weg, schlapfte zur Kredenz und holte ein Messer aus einer Lade und einen Teller aus einem Regal. Mit Teller und Messer schlapfte er aus der Küche, ins Zimmer rein.

Ich schaute in den Wäschekorb. Zuoberst auf dem Sackerlberg lagen zwei Säcke, ein dicker, großer, mit einem Karterl dran, auf das „OTTO-HANS" geschrieben war, und ein kleinerer, mit einem Karterl, auf das „ROSWITHA" geschrieben war. Ich hob den Sack mit dem Otto-Hans-Karterl hoch. Er war schwer, sehr schwer. Viel schwerer, als ein Sack dieser Größe sein kann, wenn Süßigkeiten, Nüsse und Obst drin sind. Also waren heuer wieder nur Erdäpfel und Kohlen drin.

„Willst eine dicke Schnitte oder eine dünne?", rief der Herr Sokol aus dem Zimmer.

„Zwei dünne, bitte, wenn's geht!", rief ich ins Zimmer rein, und während ich es rief, zog ich – ohne viel zu überlegen – die Stecknadeln aus den zwei Karterln, auf denen OTTO-HANS und ROSWITHA stand, und machte mit den Stecknadeln das Otto-Hans-Karterl am

Roswitha-Sack fest, und das Roswitha-Karterl am Otto-Hans-Sack. Und kaum war ich damit fertig, kam der Herr Sokol mit dem Nussstrudel in die Küche.

„Tut mir Leid", sagte er, „der ist mir zerbröselt, warmen Nussstrudel soll man halt nicht anschneiden!" Er hielt mir einen Teller mit Nussstrudelbrocken hin, und ich langte zu. Als ich die letzten Bröseln vom Teller schleckte, kam die Frau Sokol von der Brauneder zurück und gab mir den Waschküchenschlüssel. Ich sagte: „Danke", und marschierte ab.

Nun hatte, sagte ich mir, der Otto-Hans endlich mal auch einen Sack mit guten Sachen, und die Roswitha, der blöde Buttenzwerg, kriegte, was ihr gebührte!

Die Roswitha wohnte bei uns im Haus, sie war die Enkeltochter der Hausbesitzerin und ein Rabenaas von einem kleinen Mädchen. Waren wir großen Kinder im Hof, wollte sie mit uns spielen und ließ sich nicht abwimmeln. Gab man ihr bloß einen kleinen Schubser, kreischte sie wie verrückt und schrie: „Oma, die bösen Kinder hauen mich schon wieder!" Und hockten wir großen Kinder bei den Kolonia-Kübeln und besprachen geheime Sachen, schlich sie sich ran, versteckte sich hinter der Kohlenkiste vom Herrn Berger und belauschte uns. Nachher kam sie zu uns und sagte, dass sie gehört habe, was wir uns ausgemacht hätten, und dass das was Verbotenes sei, und dass sie uns bei unseren Eltern vertratschen werde und wir Prügel kriegen würden, wenn wir sie nicht mitspielen ließen! Und sie dürfe sowieso

immer und überall dabei sein, denn ihrer Oma gehöre das Haus! Das Vertratschen drohte sie uns nicht nur an, sie tat es auch, wenn wir sie nicht mitspielen ließen. Sie tratschte unseren Eltern nicht nur die Wahrheit weiter, sie erfand Lügen über uns, und die meisten Eltern glaubten ihr. Meine Mutter glaubte ihr zwar nicht, aber sie sagte, die Roswitha sei halt das Enkerl von der Hausfrau, und mit der Hausfrau dürfe man keinen Ärger kriegen. Erdäpfel und Kohlen hatte sich das kleine Biest also verdient!

Ich war stolz auf mich und brauchte dringend jemanden, dem ich von meiner schlauen Tat berichten konnte. Macht ja nur den halben Spaß, wenn man etwas Grandioses getan hat, aber einen keiner deswegen bewundert.

Also lief ich zum Franzi in den zweiten Stock. Der war am Nachmittag immer allein daheim. Seine Mutter putzte ab Mittag die Wohnung vom Fleischhauer auf der Hauptstraße.

Der Franzi hörte meine Geschichte an. Während ich erzählte, kicherte er. Aber als ich fertig war, sagte er seufzend: „Das wird in die Hosen gehen!"

„Wieso?", fragte ich.

„Weil die Hausfrau doch weiß, dass sie dem Sokol ein ganz anderes Sackerl gegeben hat", sagte der Franzi. „Und die blöden Otto-Hans-Eltern wissen es auch!"

„Aber dann ist es ja schon passiert!", rief ich.

„Du hast ein Spatzenhirn", sagte der Franzi. „Die Hausfrau wird dem Sokol einen Krach machen!"

„Aber der blöde Vater kann dem Otto-Hans nicht sagen, dass sich der Nikolaus geirrt hat", rief ich. „Der muss ihm den Sack lassen!"

„Dem Otto-Hans wird er es nicht sagen, aber dem Sokol!", rief der Franzi. „Und dann hat der Sokol nichts wie Schererereien mit der Hausfrau und mit seinem Chef, für die er gar nichts kann, an denen du schuld bist!"

Das sah ich ein. „Was soll ich jetzt tun?", fragte ich zerknirscht.

„Runtergehen und die Kartln wieder umstecken", antwortete der Franzi.

„Ich hab keinen Grund zum Reingehen", sagte ich. So gut befreundet mit den Hausmeistern, dass ich sie einfach besuchen konnte, war ich nicht.

Der Franzi überlegte. „Unsere Bassena tropft!", sagte er. „Ich bitte den Sokol, dass er sie repariert. Da kommt garantiert die Sokol mit rauf, die muss ihm doch immer das Werkzeug zureichen. Und derweil gehst du rein zu ihnen."

Dass das problemlos zu machen war, wusste ich. Bei uns im Haus hatten die Wohnungstüren außen Klinken, und niemand sperrte seine Tür ab, wenn er für ein paar Minuten im Haus unterwegs war. Aber mir gefiel es gar nicht, dem Otto-Hans den schönen Sack wieder wegzunehmen.

So sagte ich: „Der Sokol wird nicht gleich wegen einem tropfenden Wasserhahn in den zweiten Stock raufrennen, der wird sagen, dass das Zeit bis morgen hat.

Oder bis übermorgen!"

„Wird er nicht!" Der Franzi schüttelte den Kopf. „Weil ich ihm sage, dass der Abfluss verstopft ist, und dass die Bassena plattelvoll ist und gleich übergehen wird."

„Sie ist aber nicht plattelvoll", rief ich. „Und der Abfluss ist nicht verstopft!"

„Was nicht ist, kann noch werden!" Der Franzi ging zur Kredenz. Er holte aus einer Lade vier Stück „Wrigley's Chewinggum", wickelte sie aus, gab mir zwei und steckte die anderen zwei in den Mund. Echter amerikanischer Kaugummi war damals eine Rarität. Der Franzi kriegte ihn manchmal von einer Tante geschenkt, die bei den US-Besatzungssoldaten in einer Kantine arbeitete.

Gierig stopfte ich mir die flachen, harten Kaugummistreifen in den Mund und biss an ihnen herum. Köstlicher Pfefferminzgeschmack machte sich in meiner Mundhöhle breit, aber lange konnte ich den nicht genießen.

„Spuck aus!", verlangte der Franzi und hielt mir eine Handfläche vor den Mund. Auf der waren seine weich gekauten Kaugummis.

„Spinnst du?", rief ich und schob seine Hand weg. „Die schmecken noch mindestens bis übermorgen!"

„Die sollen nicht schmecken, die sollen die Bassena verstopfen!", sagte der Franzi.

Ich wollte mich von den Kaugummis nicht trennen, aber der Franzi sagte, wenn ich sie nicht ausspucke, wer-

de er mir nicht helfen, dann könne ich schauen, wie ich die Sache allein zurechtbiege, und dazu sei ich zu blöd, und überhaupt habe er mir die Kaugummis nicht geschenkt, sondern zum Weichkauen gegeben, sie seien noch immer sein Eigentum.

Ich spuckte also den köstlichen Klumpen neben den Klumpen vom Franzi, der Franzi lief auf den Gang raus, zerzupfte die Kaugummis und drückte die zähen Bröckerln in die Abflusslöcher im Bassena-Becken. Er drehte den tropfenden Wasserhahn voll auf, ließ Wasser ins Becken rinnen, bis es randvoll war, drehte den Hahn zu, bis er nur noch tropfte, packte mich an der Hand und zog mich ins Parterre runter.

„Du wartest bei der Hoftür, bis ich mit ihnen die Treppe raufgehe, verstanden?", sagte er dabei zu mir.

Wie es mir der Franzi aufgetragen hatte, stellte ich mich zur Hoftür und wartete. Das Küchenfenster der Hausmeisterwohnung ging auf den Gang raus, die eine Hälfte der Oberlichte war offen, ich hörte den Franzi jammern: „Oben bei uns geht gleich die Bassena über, der Hahn tropft, und nix rinnt ab!"

Gleich drauf hörte ich Schritte der Treppe zu. Ich linste aus der Hoftürnische und sah den Herrn Sokol, hinter ihm die Frau Sokol mit dem Werkzeugkasten und hinter der Frau Sokol den Franzi die Treppe raufrennen.

Die Wohnungstür der Hausmeister brauchte ich gar nicht aufzumachen, sie stand sperrangelweit offen. Der Wäschekorb war noch mitten in der Küche, aber er war

leer. An der Küchenkredenz lehnten drei prall gefüllte Rupfensäcke. Dort, wo sie oben mit einer Kordel zusammengebunden waren, hatte jeder einen Zettel mit einer Zahl drauf. 48 der eine, 50 der andere, 47 der dritte.

Das sind, dachte ich mir, die Hausnummern. Im 48er-Sack sind die Säcke für die Kinder in unserem Haus, im 50er-Sack die Geschenke für die Kinder im Nachbarhaus, und der 47er-Sack ist für die Kinder im Haus gegenüber. Das hatte sich der Herr Sokol wohl so aufgeteilt, damit er nicht allzu lange nach den richtigen Säcken suchen musste.

Ich zog die Kordel vom 50er-Rupfensack. Sieben rote Sackerln musste ich rausholen, bis ich endlich das hatte, auf dem OTTO-HANS stand. Dann wollte ich den 48er-Rupfensack aufmachen, aber in der Kordel war ein Doppelknopf. Und als ich verzweifelt an dem rumnestelte, sagte plötzlich hinter mir die Frau Sokol: „Ja, schämst dich denn gar nicht?"

Ich war so erschrocken, dass ich mich nicht bewegen konnte. Mit dem Rücken zur Frau Sokol, den Otto-Hans-Sack in den Händen, stand ich da, mein Herz klopfte rasend schnell und unheimlich laut.

„Also weißt!", rief die Frau Sokol meinem Rücken zu. „Kriegst eh alles, was du nur haben willst, hast mehr als die meisten anderen, was brauchst ihnen da aus ihren Sackerln was rausstehlen?"

Der böse Verdacht befreite mich aus der Erstarrung, ich drehte mich um und rief: „Ich wollt's doch nicht für

mich, nur für den Otto-Hans!" Und dann erzählte ich der Frau Sokol, was ich getan hatte, und dass ich es wieder rückgängig hatte machen wollen, damit der Herr Sokol keine Scherereien kriegt.

Die Frau Sokol hörte mir zu; als ich fertig erzählt hatte, ging sie zum Küchentisch und nahm aus der Lade eine Kombi-Zange. Dann sagte sie zu mir: „Bring meinem Mann die Zange!" Ich stellte den Otto-Hans-Sack auf den Boden, ging zur Frau Sokol und nahm die Zange.

„Na, geh schon!", sagte die Frau Sokol ungeduldig.

„Was ist denn jetzt?", fragte ich. Womit ich meinte, dass sie mir sagen sollte, ob sie nun selber die Kartln umstecken und meiner Mutter erzählen würde, was ich getan hatte, ob sie es auch der Mutter vom Franzi erzählen würde oder vielleicht sogar der Hausfrau. Aber die Frau Sokol wachelte ungeduldig mit der Hand zur Tür hin und sagte „Raus mit dir!", und da blieb mir nichts anderes übrig, als zu gehen.

Als ich mit der Kombizange in den zweiten Stock raufkam, war unter der Bassena eine Wasserlache, und vom Bassenarand tropfte es in die Lache und machte sie größer und größer. Der Herr Sokol riss mir die Zange aus der Hand und raunzte: „Na endlich, wie lange braucht denn meine Alte, bis sie ein Zangl findet?" Dann trug er uns auf, von seiner Frau einen Kübel und zwei Fetzen zu holen, um die Wasserlache aufzuwischen.

„Warst schon fertig, oder hat dich die Sokol erwischt?", fragte der Franzi, während wir die Treppe runtergingen.

„Erwischt hat sie mich.", sagte ich.
„Und?"
Ich zuckte mit den Schultern.
„Ist dir eine Ausred eingefallen?"
Ich schüttelte den Kopf.
„Hast ihr die Wahrheit gesagt?"
Ich nickte.
„Und was ist jetzt?"
Ich zuckte mit den Schultern.
„Weilst auch immer so blöde Ideen haben musst!"
Da wir schon im Parterre waren, konnte ich dem Franzi nicht mehr sagen, dass das eigentlich seine Idee gewesen war, die nicht geklappt hatte. Dass meine Idee zwar eine Gemeinheit gegen den Hausmeister gewesen war, aber geklappt hatte. Die wäre nicht aufgeflogen! Ich sagte nur: „Geh du um die Fetzen und den Kübel, ich trau mich nicht rein!"

„Hosenscheißerin!" Der Franzi packte mich am Arm und zog mich in die Hausmeister-Wohnung.

Die Frau Sokol saß beim Küchentisch und schmierte Schmalz auf eine Brotschnitte.

„Ihr Mann schickt uns um zwei Fetzen und einen Kübel", sagte der Franzi.

Die Frau Sokol legte das Messer weg und deutete zur Nische neben der Tür, wo hinter einem Vorhang alles aufbewahrt war, was zum Saubermachen des Hauses nötig war.

Der Franzi wieselte zur Nische, grapschte sich einen

Blechkübel und zwei graue Fetzen, hielt sie hoch und fragte: „Sind die richtig?" Die Frau Sokol nickte. Der Franzi legte die Fetzen in den Kübel, packte den Kübel am Henkel, ging zum Küchentisch und sagte: „Die Christl hat es doch nur wegen der Gerechtigkeit gemacht!"

Die Frau Sokol griff wieder zum Messer und strich den Schmalzbelag auf der Brotschnitte glatt.

„Wenn's wegen der Gerechtigkeit gewesen ist", fragte sie, „warum hat sie dann alles wieder rückgängig machen wollen?"

„Auch nur wegen der Gerechtigkeit", sagte der Franzi.

„Also wie jetzt?" Die Frau Sokol zeichnete mit der Messerspitze eine Schlangenlinie ins Schmalz. „Alles beide kann nicht wegen der Gerechtigkeit sein, da musst du dich schon entscheiden."

„Doch!", sagte der Franzi. „Das eine ist die Gerechtigkeit für den Otto-Hans, weil es ungerecht ist, dass er nur Erdäpfel und Kohlen kriegt, und das andere ist die Gerechtigkeit für den Herrn Sokol, weil es ungerecht wäre, wenn er Schereien kriegt und nichts dafür kann."

„Wenn man's so nimmt ..." Die Frau Sokol strich die Schlangenlinie im Schmalz glatt. „Dann ist da schon was dran!"

Sie legte das Messer weg, biss ins Schmalzbrot und murmelte etwas, aber weil sie dabei mampfte, konnten wir es nicht gut hören. Ich behauptete nachher, sie habe „Dagegen kann ma nichts machen" gemurmelt. Der

Franzi behauptete, sie habe „Das werden ma schon machen" gemurmelt. Eindeutig zu verstehen, als wir mit dem Kübel und den Fetzen aus der Hausmeisterwohnung gingen, war dann aber, was sie uns nachrief. Sie rief: „Das bleibt unter uns, verstanden!" Und das war uns im Augenblick auch das Allerwichtigste.

Ich war fest davon überzeugt, dass die Frau Sokol das Otto-Hans-Kartl und das Roswitha-Kartl halt einfach wieder auf die Sackerln zurücktun würde, auf die sie gehört hatten. Aber damit hatte ich nur zur Hälfte Recht!

Der Nikolaus brachte der Roswitha das Sackerl, das ihre Oma beim Hausmeister abgegeben hatte. Aber dem Otto-Hans brachte er einen roten Stoffsack, in dem waren Äpfel und Mandarinen, Nüsse und Feigen, eine Tafel Schokolade, und – in Cellophan gewickelt – vier Scheiben Nussstrudel, außerdem rote Wollsocken und Hustenzuckerln.

Der Vater vom Otto-Hans bekam vom Nikolaus auch etwas. Obwohl der Nikolaus keinem anderen Erwachsenen etwas brachte. Einen schweren Sack bekam er.

Der Otto-Hans erzählte uns: „Der Nikolaus ha-a-at zum Papa ges-a-a-gt, dass er'sss verdient!" Was in dem Sack drin war, konnte uns der Otto-Hans nicht erzählen. „Der Papa ha-a-at mich nicht reinschauen lassen", sagte er. „G-a-a-nz bös war er, der Pa-a-a-pa!"

Der Franzi und ich, wir haben die Frau Sokol oft gefragt, wie sie denn ihren Mann dazu gebracht hat, dass er sich traut, seinem Chef einen Sack mit Erdäpfeln und

Kohlen zu überreichen. Aber die Frau Sokol hat uns das nicht genau erklärt. Sie hat immer nur lachend gesagt: „Wegen der Gerechtigkeit. Weil es ungerecht wäre, wenn ich nie meinen Willen gegen seinen durchsetzen könnte!"

Zwei Weihnachtsmänner

An der Ecke stehn zwei Weihnachtsmänner,
ein großer und ein kleiner.
Der Große keppelt den Kleinen an:
„Was bist denn du für einer?"
Der Kleine stottert: „Tschuldigung,
ich verteil Reklame für Video-Berger."
Der Große sagt: „Ich werb für die Konkurrenz,
hau ab, sonst kriegst du Ärger!"
Der Kleine murmelt: „Ich weiche roher Gewalt,
aber nur unter Protest!"
Der Große schreit hinter ihm her:
„Alles Gute zum kommenden Fest!"

Ein hellblauer Pullover

Als ich klein war, glaubte ich – wie damals alle anderen kleinen Kinder – an das Christkind. Das tat ich auch noch, als ich in die Schule kam.

Aber dann, Anfang Dezember, sagte mir meine große Schwester – ganz geheim natürlich – dass es gar kein Christkind gibt! Dass einem die Eltern das bloß vorschwindeln und in Wirklichkeit selbst die Geschenke besorgen. Zuerst wollte ich es überhaupt nicht glauben. Aber meine große Schwester beschwor es mit zwei erhobenen Fingern und „bei meinem Augenlicht", und dieser Schwur, das wusste ich, war ihr heilig. Damit machte sie keine dummen Späße!

„Warum lügen die denn so?", fragte ich.

„Macht ihnen halt Spaß!", sagte meine große Schwester. „So wie die Sache mit dem Storch und dem Zuckerstück und den Babys."

Und dann verlangte sie, ich dürfe unserer Mutter ja nicht sagen, dass ich nun die Wahrheit wisse! Sonst würde unsere Mutter bitterböse auf sie sein.

Ein paar Tage später, in der Schule, malte unsere Frau Lehrerin einen geschmückten Tannenbaum an die Tafel. Und erzählte uns vom Christkind. Dass es hübsche kleine Flügel habe und goldenen Locken, einen Heiligenschein und einen Schlitten, auf den die Geschenke gepackt seien. Und zwei Rentiere, die ihm helfen, den schweren Schlitten zu ziehen, habe es auch.

Und weil es auf der Reise vom Himmel zur Erde runter doch schrecklich kalt sei, habe das arme Christkind ganz klamme Fingerchen und ein rot gefrorenes Näschen. Aber solch Ungemach nehme es auf sich, weil es alle Kinder so lieb habe.

Das ärgerte mich! Dass mir meine Mutter und meine Großmutter etwas vorgeschwindelt hatten, fand ich nicht sehr schlimm. Die beiden flunkerten oft. Und sie waren auch nie sehr empört, wenn wer anderer mogelte. Aber die Frau Lehrerin sagte immer, man müsse stets die Wahrheit sagen, jede Lüge sei eine schwere Sünde!

Ich hob meine zwei Aufzeigefinger. „Ja, Christerl?", fragte die Frau Lehrerin.

Ich stand auf und sagte: „Bitte, es gibt kein Christkind! Das wird den Kindern nur vorgelogen!"

Die Evi, die neben mir in der Bank saß, tippte sich mit einem Zeigefinger an die Stirn. Die Erika, die in der Bank vor mir saß, drehte sich um und rief: „Spinnst du?" Die Susi, die hinter mir saß, boxte mich in den Popo und fragte: „Bist du plemplem worden?" Und alle anderen Kinder rundherum schauten mich an, als hätte ich die grausliche Krätze!

Da ging die Klassentür auf, und die Frau Direktor kam herein. Sie bemerkte die Unruhe in der Klasse. „Was ist denn da los?", fragte sie.

Die Frau Lehrerin zeigte auf mich und sagte: „Die Christerl wollte uns gerade weismachen, dass es kein Christkind gibt!"

Dabei schüttelte sie bekümmert den Kopf. Als ob sie entsetzlich traurig sei, ein so vertrotteltes Kind wie mich unterrichten zu müssen.

Ich dachte: Gleich wird die Frau Direktor sagen, dass ich Recht habe, und dann werden alle anderen schön blöd schauen!

Aber die Frau Direktor schaute mich auch bloß entsetzlich traurig an und sagte: „Wenn du nicht an das Christkind glaubst, wird es dir wohl auch nichts bringen, du armes, armes Kind!" Dann ging sie zur Frau Lehrerin und tuschelte mit der ein bisschen.

Ich setzte mich wieder hin. Die Kinder in der Klasse schauten mich jetzt nicht nur an, als ob ich die Krätze hätte, sondern auch, als ob ich drei Meter gegen den Wind stinken würde. Die Evi rückte sogar so weit weg von mir, dass sie nur noch mit einer Popohälfte auf der Bank saß.

Bis um zwölf Uhr, bis die Schule aus war, überlegte ich: Es ist unmöglich, dass eine Frau Lehrerin einfach lügt! Und eine Frau Direktor schon gar nicht! Das gibt es nicht! Also muss es doch ein Christkind geben, und meine große Schwester hat bei ihrem Augenlicht etwas Falsches geschworen! Und jetzt ist das Christkind böse auf mich, und ich kriege zu Weihnachten nichts!

Richtig verzweifelt kam ich daheim an. Nur meine Großmutter war zu Hause. Sie wollte, dass ich Erbsensuppe esse. Dicke, gelbe Suppe mit Mehlbröckerln und glasigen Fettwürferln. Ich schob den Teller von mir weg.

Sie schob mir den Teller wieder zu. Ich schob ihn wieder weg. Etwas zu heftig. Ein bisschen Suppe schwappte über den Tellerrand.

„Du bist mir vielleicht ein Fratz!", rief sie und trug den Teller weg. „So knapp vor Weihnachten wär ich an deiner Stelle braver! Ungezogenen Fratzen bringt das Christkind nämlich nix!"

Ich schluchzte: „Das Christkind bringt mir sowieso nix, weil ich nicht dran geglaubt habe!"

Die Großmutter schaute ein bisschen verdutzt. Aber sich groß Gedanken zu machen war nicht ihre Sache. Und wenn sie sich gerade über verschüttete Suppe ärgern musste, konnte sie nicht auch noch über rätselhafte Sätze nachdenken!

So sagte sie bloß: „Geschieht dir ganz recht!" Das war wohl ganz allgemein gemeint. Weil ungezogenen Fratzen kein Mitleid zusteht, ganz gleich, welchen Kummer sie auch haben.

Ich lief aus der Küche ins Zimmer hinein, setzte mich auf mein Bett, schnäuzte die Tränen weg und wartete auf meine große Schwester.

Die kam zwar bald nach Hause, aber zuerst einmal aß sie in der Küche Erbsensuppe. Und dann ging sie aufs Klo. Und dann half sie der Großmutter beim Geschirrabwaschen. Fast eine Stunde musste ich warten, bis sie zu mir ins Zimmer reinkam.

„Hast du geheult?", fragte sie. Sicher war meine Nase vom vielen Tränenwegschnäuzen ziemlich rot.

Ich fing gleich wieder zu weinen an und schluchzte ihr meinen ganzen Kummer vor. Und dass sie an allem schuld sei, schluchzte ich auch.

„Pass auf, du Dodel", sagte meine große Schwester. „Jetzt beweise ich dir, dass ich die Wahrheit gesagt habe!"

Sie machte den großen Kleiderkasten auf, schob im mittleren Regal einen Stapel Wäsche weg, zog einen alten Schuhkarton heraus, nahm den Deckel vom Karton, kam damit zu mir, sagte: „Schau, was da drin ist!", und leerte den Schuhkarton aus.

Da lagen nun ein Knäuel hellblaue Wolle, ein fertig gestrickter Ärmel und – auf zwei Nadeln – ein breiter, gestrickter Fleck auf meinem Bett.

„Das wird ein Pullover! Den strickt die Mama für dich! Den kriegst zu Weihnachten!" Sie legte Wolle, Ärmel und Strickfleck in den Karton zurück, tat den Deckel wieder drauf und versteckte den Karton hinter dem Wäschestapel. „Oder glaubst du vielleicht, jede Nacht kommt das Christkind und strickt im Kasten drinnen ein paar Reihen?"

Ich schüttelte den Kopf. Vielleicht nicht ganz so überzeugt, wie meine große Schwester es erwartet hatte. Darum fügte sie grinsend hinzu: „Was meinst du, wie viele Kinder heuer zu Weihnachten gestrickte Pullover kriegen? Da müsste das Christkind doch in tausend Kästen sitzen und stricken! Dass das nicht möglich ist, wirst sogar du kleiner Dodel verstehen!"

Ich verstand es und glaubte wieder meiner großen

Schwester! Und ich sah überhaupt nicht ein, dass mich die anderen Kinder in der Klasse weiter für „plemplem" und „spinnert" halten sollten, wenn ich doch nichts als die Wahrheit gesagt hatte.

Aber dass ein Christkind-Streit mit der Frau Lehrerin und der Frau Direktor nichts bringen würde, war mir klar! Wenn Erwachsene lügen, geben sie es ja nie zu! Doch die Kinder, dachte ich mir, die müssten zu überzeugen sein!

Und weil die Evi in unserer Klasse als das klügste Kind galt und alle immer auf sie hörten, dachte ich mir weiter: Ich werde die Evi überzeugen, dass ich die Wahrheit gesagt habe und es kein Christkind gibt! Und wenn mir die Evi erst einmal glaubt, bringt sie schon alle anderen Kinder dazu, mir auch zu glauben!

So lud ich die Evi „zum Spielen" zu mir nach Hause ein, und weil ich einen riesigen Kaufmannsladen hatte, auf den die Evi ganz versessen war, kam sie.

Ich spielte nicht gern Einkaufen-Verkaufen, aber ich stand das langweilige Spiel tapfer durch, bis meine Mutter und meine Schwester zum Zahnarzt und die Großmutter auf einen Tratsch zur Nachbarin gegangen waren.

Als ich endlich mit der Evi allein war, sagte ich: „Und Christkind gibt es wirklich keines!"

Bevor sich die Evi wieder mit einem Zeigefinger an die Stirn tippen konnte, erzählte ich ihr vom „Beweis", den mir meine große Schwester gezeigt hatte, holte den

In der Kirche gab es den lieben Gott dreimal. Einmal als Jesus-Kind in der Krippe, einmal in einer Nische, ans Kreuz genagelt, einmal über dem Altar, als ein goldenes Dreieck mit einem Auge drin und Strahlen herum.

Das Kind in der Krippe fand ich zu klein; das war noch im Baby-Alter, wo man höchstens Mama sagen kann. Den Mann am Kreuz wollte ich nicht belästigen; der hatte eigenen Kummer genug.

So wandte ich mich jedes Mal an das Dreiecks-Auge mit den Strahlen und bat es, einzusehen, dass alles nicht meine Schuld, sondern die Schuld meiner Schwester sei! Und dass es mir Leid tue, und dass die gesamte Heilige Dreieinigkeit dem Teil von ihr, der das Christkind ist, ausrichten möge, dass ich um Entschuldigung bitte und – als Buße – auf den hellblauen Pullover verzichte!

Ich hoffte jedes Mal, das Auge würde mir irgendwie – vielleicht durch ein winziges Zwinkern – mitteilen, dass es mich verstanden habe. Aber da tat sich überhaupt nichts!

Drei Tage vor Weihnachten, als ich wieder mit dem Strahlenauge zu verhandeln versuchte, spürte ich plötzlich eine weiche Patschhand auf meiner Schulter. Unser dicker Herr Pfarrer stand hinter mir.

„Ja, Mäderl", sagte er. „Früher hab ich dich nie in der Kirche gesehen, und jetzt kommst jeden Tag gleich ein paarmal? Kann ich dir helfen?"

Den Pfarrer als Vermittler zu haben, fand ich nicht übel. Ich nickte, deutete zum Strahlenauge hoch und

flüsterte: „Wenn Sie bitte ausrichten, dass ich nur ganz kurz nicht ans Christkind geglaubt hab, und dass das doch kein Grund ist, dass es jetzt noch immer beleidigt ist!"

Der Herr Pfarrer schaute mich ein bisschen verdutzt an, dann fragte er: „Woher weißt denn, dass das Christkind auf dich beleidigt ist?"

„Weil's nimmer strickt!", antwortete ich.

Der Herr Pfarrer schaute noch verdutzter. Aber nicht lange. Dann blickte er zum Strahlenauge hoch und faltete die Hände. Auch nicht sehr lange. Dann schaute er wieder zu mir herunter und sagte: „Es ist eh nimmer beleidigt, lasst es ausrichten!"

Ich machte den kleinen Knicks, den mir die Großmutter als Gruß für vornehme Leute beigebracht hatte, und lief aus der Kirche.

Als ich am nächsten Tag hinter dem Wäschestapel nachsah, war der Strickfleck um zehn Zentimeter gewachsen!

Und am Heiligen Abend lagen unter dem Tannenbaum Schlittschuhe für mich und ein Mensch-ärgere-dich-nicht-Spiel und ein Malkasten und eine Puppenküche. Und ein hellblauer Pullover. Aber der hatte nur einen Ärmel!

Und meine Mutter sagte zu mir: „Den anderen liefert das Christkind noch nach! Weiß auch nicht, warum es nicht fertig geworden ist! Vielleicht wegen diesem verflixten Muster?"

Ich nickte nur.

Dass das Christkind mit dem Muster sicher keine Schwierigkeit gehabt und den Pullover nur deswegen nicht fertig gebracht hatte, weil es ja erst vor drei Tagen wieder zu stricken angefangen hatte, erklärte ich meiner Mutter nicht. In einer Familie, in der keiner an den lieben Gott glaubt, lässt man das besser sein.

Ans Christkind

Ans
Christkind:
Meine Eltern sind
seit Wochen zerstritten,
also möchte ich dich bitten,
heuer die Geschenke sein zu lassen.
Mach lieber, dass die zwei sich nimmer hassen
und sich am Heiligen Abend zur Versöhnung küssen
und die Nachbarn nicht wieder die Polizei rufen müssen.
Deine
kleine
Brigitte.
Wohnhaft: Wien-Mitte

Der Weihnachtskarpfen

Der Franzi wohnte bei uns im Haus, und er liebte alle Tiere. Nicht nur Hunde, Katzen und Meerschweinchen, wie wir anderen Kinder. Auch Fliegen, Spinnen und Baumwanzen liebte er. Fuchsteufelswild wurde er, wenn ein Kind mit der Fliegenklatsche auf die Jagd ging. Saß wo eine fette Spinne an einer Wand, nahm er sie vorsichtig zwischen Daumen und Zeigefinger, trug sie in den Hof und setzte sie auf einen Zweig vom Rosenstrauch. Verirrten sich ein paar Baumwanzen vom Hof in den Hausflur rein, sammelte er sie in einer Zündholzschachtel und ließ sie beim Stamm vom Zwetschkenbaum frei.

Fische mochte er natürlich auch. Und darum war er vor Weihnachten immer schrecklich wütend auf die Frau Sipek.

Die Sipek wohnte in der Nachbarwohnung vom Franzi, im zweiten Stock oben. Witwe war sie, Kinder hatte sie keine. Ein Cousin war ihr einziger Verwandter. Der wohnte im Burgenland und hatte einen Fischteich. Und am 22. Dezember kam er jedes Jahr nach Wien und brachte der Sipek einen Weihnachts-Karpfen. Einen lebenden Karpfen! Weil Fische angeblich besonders gut schmecken, wenn sie gleich nach dem Totmachen gekocht werden, und weil ja damals auch niemand einen Eisschrank hatte, in dem sich ein toter Fisch ein paar Tage frisch hält.

Der Karpfen schwamm dann zwei Tage lang im Kabinett der Sipek in einer zinkenen Sitzbadewanne herum. Am Heiligen Abend holte ihn die Sipek raus und wummerte ihm mit dem Fleischklopfer so lange auf den Kopf, bis er tot war.

Der Franzi war an diesen zwei Tagen völlig verzweifelt, käseweiß im Gesicht und zittrig in den Fingern. Er hielt es nicht gut aus, dass in der Nachbarwohnung ein armer Karpfen auf die Hinrichtung wartete! Seine Mutter und meine Mutter, meinen Großvater und alle Leute, zu denen er ein bisschen Vertrauen hatte, flehte er an, das nicht zuzulassen!

Aber alle sagten ihm, dass die Sipek kein „Verbrechen" begehe, Karpfen seien zum Essen da, und was man essen will, muss man vorher eben totmachen, basta! Eine Gemeinheit sei es bloß, dass die alte Sipek einen Weihnachts-Karpfen habe, aber wir alle keinen!

Damals, nach dem Krieg, hatten die meisten Leute schrecklich wenig zu essen. Wer nicht so reich war, dass er im Schleichhandel kaufen konnte, oder – wie die Sipek – Verwandte mit Bauernhof hatte, bekam nicht viel mehr als krümeliges Graubrot, tranige Margarine, verschrumpelte Hülsenfrüchte, grausig grätige Heringskonserven und hin und wieder ein bisschen flachsiges Fleisch und graue, mehlige Wurst aus uraltem Gefrierfleisch. So einen Leckerbissen wie einen ganzen, frischen Karpfen gab es jedenfalls auf Lebensmittelkarten-Abschnitte nicht zu kaufen.

Ich glaube, es war Weihnachten 1947, da kam der Franzi am 22. Dezember ganz aufgeregt zu uns runter. Meine Mutter, meine Schwester und ich versuchten gerade, Kekserln für den Christbaum zu backen.

Meine Mutter fluchte grantig vor sich hin, weil sich der Kekserl-Teig nicht ausrollen ließ, sondern zerbröselte. Kekserl-Teig ohne Dotter und Butter, aus Mehl, Wasser und ganz wenig Margarine, klumpt eben.

Der Franzi flüsterte mir zu: „Gerade ist der blöde Kerl mit dem Karpfen gekommen, aber ich habe einen Plan, wie wir ihn retten können!"

Ich rubbelte mir die Teig-Bröckerln von den Fingern und ging mit dem Franzi aufs Klo raus. Unser Klo war nicht in der Wohnung. Draußen auf dem Gang waren bei uns im Haus die Klos. Zwei in jedem Stock. Je drei Familien mussten sich eines teilen.

Immer, wenn der Franzi und ich etwas „ganz Geheimes" ausmachen wollten, taten wir das auf dem Klo. Unsere Wohnungen waren klein, Zimmer-Küche-Kabinett, da bestand ständig die Gefahr, dass einen jemand belauschte.

Ich setzte mich auf die Klomuschel, der Franzi lehnte sich an die Klotür.

„Wie geht denn der Plan?", fragte ich. Aber nur, um dem Franzi eine Freude zu machen. Daran, dass er einen brauchbaren Plan haben könnte, glaubte ich nicht. Und so tierliebend wie der Franzi, dass mir das Karpfen-Schicksal echten Kummer gemacht hätte, war ich auch nicht.

Aber als mir der Franzi den Plan erklärt hatte, war ich beeindruckt. Ja, sagte ich mir, so könnte das funktionieren! Und Spaß, sagte ich mir, könnte das auch machen!

Der Plan war folgender: Jeden Morgen, Punkt sieben Uhr, ging die Sipek aufs Klo. Dort blieb sie erstens immer mindestens fünf Minuten, zweitens lehnte sie ihre Wohnungstür nur an, sperrte sie also nicht ab, wenn sie rausging, und drittens hörte sie ziemlich schlecht. Da war es ein Kinderspiel, mit einem Kübel in ihre Wohnung reinzuschleichen, in das Kabinett zu huschen, den Karpfen aus der zinkernen Sitzbadewanne raus- und in den Kübel reinzutun und dann mit dem Kübel ungesehen die Sipek-Wohnung zu verlassen.

„Und wohin", fragte ich den Franzi, „bringen wir dann den Karpfen?"

Dort, wo wir wohnten, gab es keinen Fluss, keinen Bach, keinen Teich. Im Becken vom Kinderfreibad im Park war im Winter kein Wasser. Nicht einmal im Brunnen auf dem Yppenmarkt war welches. Und der Hansl-Teich, draußen, bei der Endstation der Straßenbahn, war komplett zugefroren.

Das sei, sagte der Franzi, der einzige Haken an der Sache! Wir müssten den Karpfen zum Donaukanal bringen. Der sei im Winter nicht zugefroren. Aber das sei ein weiter Weg. Und mit dem Karpfen könnten wir nicht in die Straßenbahn einsteigen. Eineinhalb Stunden zu Fuß hin und mit der Straßenbahn eine halbe Stunde zurück werde das schon dauern.

Also müssten wir morgen die Schule schwänzen.

Dagegen war ich! Morgen war der letzte Schultag vor Weihnachten. Ich hatte für meine drei Schulfreundinnen Geschenke gebastelt. Einen Spitzenmuster-Papierstern für den Christbaum, einen Weihnachtsmann aus einem Tannenzapfen, ein bisschen rotem Krepppapier und einem Fuzerl Watte und eine gehäkelte Puppenmütze. Ich wollte meine Geschenke den Freundinnen geben. Und ich hoffte auf Geschenke von ihnen. Den Schultag wollte ich nicht versäumen.

„Musst eh nicht mitkommen", sagte der Franzi. „Und rein zur Sipek geh ich auch allein, du musst nur auf dem Gang Schmiere stehen und aufpassen, dass ich nicht grad bei der Wohnungtür rauskomme, wenn jemand vorbeigeht."

Damit war ich einverstanden. Auf dem Gang stehen und laut husten, falls wo eine Wohnungstür aufing oder im Stiegenhaus Schritte zu hören waren, den kleinen Freundschaftsdienst konnte ich dem Franzi nicht verweigern.

Am nächsten Morgen, fünf Minuten vor sieben Uhr, schlich ich auf Wollsocken aus der Wohnung und in den zweiten Stock hinauf. Zuerst dachte ich, dass der Franzi noch gar nicht da sei. Doch dann entdeckte ich ihn auf der Stiege, die zum Dachboden führte. Ich lief zu ihm rauf.

„Von den Wohnungstüren aus sieht man uns da nicht", flüsterte er mir zu.

„Aber wir sehen die Wohnungstüren ja auch nicht", flüsterte ich zurück. „Und wenn wir jemanden aufs Klo gehen hören, könnte das auch deine Mutter sein oder wer von den Bergers!"

„Ich kenne der Sipek ihren Gang", zischte mir der Franzi ins Ohr, „sie schlurft beim Gehen! Außerdem waren bis auf meine Mama heute schon alle auf dem Häusel, und meine Mama hat Verstopfung, die geht nur jeden zweiten Tag, und sie war gestern!"

Ob es wirklich Punkt sieben Uhr war, als wir die Schlurfschritte hörten, weiß ich nicht. Eine Armbanduhr hatten weder der Franzi noch ich. Sehr lange waren wir aber noch nicht auf der Dachbodenstiege, als es im zweiten Stock unten schlurfte.

Der Franzi packte den Kübel und lief die paar Stufen runter, ich ging langsam hinterher. Als ich am Ende der Dachbodenstiege war, war vom Franzi nichts mehr zu sehen. Er war schon in der Sipek-Wohnung.

Ich stellte mich zum Gangfenster, tat, als schaue ich in den Hof hinunter und überlegte mir, was ich antworten sollte, falls wer aus einer Wohnung rauskam und mich fragte, warum ich da stehe. Ich wohnte schließlich im Parterre und hatte im zweiten Stock oben nichts zu suchen.

Bevor mir noch eine halbwegs vernünftige Erklärung eingefallen war, kam der Franzi aber schon wieder aus der Sipek-Wohnung. Schief gezogen vom randvoll mit Wasser gefüllten Blechkübel. Ziemlich nass war er auch. Bis zu

den Ellbogen rauf waren seine hellblauen Hemdärmel dunkelblau. Auf der Brust hatte er auch einen riesigen dunklen Wasserfleck.

„Ist gar nicht so leicht zu packen, so ein Fisch", keuchte der Franzi. „Und der Kübel ist viel zu klein für ihn."

Er rannte zur Stiege, und ich hinter ihm her. Im Kübel brodelte es, der Karpfen wand sich wie verrückt darin, war einmal zur Hälfte aus dem Wasser draußen, dann wieder unter der Oberfläche. Viel Wasser spritzte aus dem Kübel auf den Franzi, und ich bekam auch noch ein paar Wasserspritzer ab.

Der Franzi war mitten zwischen dem zweiten und dem ersten Stock, ich zwei Stufen hinter ihm, da schnellte der Karpfen aus dem Kübel raus und in hohem Bogen stiegenabwärts, über alle Stufe drüber, landete im ersten Stock und flutschte über die gelben Bodenfliesen, der Stiege zum Erdgeschoß zu. Der Franzi ließ vor Schreck den Kübel fallen. Der Kübel rollte mit irrsinnig lautem Geschepper hinter dem Karpfen her; das bisschen Wasser, das noch in ihm gewesen war, tropfte die Stufen runter.

Wir galoppierten die Stiege wieder hoch, bis zum Dachboden, lehnten uns an die eiserne Tür, verschnauften und lauschten, ob das irrsinnig laute Geschepper jemanden auf den Gang rausgelockt hatte. Stimmen hörten wir keine. Ich meinte zwar zu hören, dass unten im Parterre eine Tür quietschte und dass sich das wie das

Quietschen unserer Wohnungstür anhörte, aber ganz sicher war ich mir nicht.

„Komm, die Luft ist rein", flüsterte mir der Franzi zu. Ich hielt ihn am nassen Hemdärmel fest und ließ ihn nicht weg. „Wart noch!", sagte ich leise. „Ich glaube, im Parterre, da geht wer!"

„Der Karpfen erstickt ohne Wasser!", flüsterte der Franzi. Er beutelte meine Hand von seinem Ärmel. Doch da rauschte unter uns eine Wasserspülung, und er sah ein, dass er noch ein bisschen warten musste. Er blieb neben mir stehen, bis wir die Schlurfschritte der Sipek hörten und danach die Sipek-Tür ins Schloss fiel. Dann lief er die Stiege runter, ich wieder hinter ihm her, vom Dachboden in den zweiten Stock, vom zweiten Stock über die waschelnassen Stufen in den ersten Stock, vom ersten Stock ins Erdgeschoß.

Dort lag, gleich neben der Hoftür, der Blechkübel, aber den Karpfen sahen wir nicht! Total ratlos und verzweifelt suchte der Franzi jeden Winkel ab. Sogar die Kellertür machte er auf, obwohl doch ein Karpfen garantiert keine Kellertür öffnen und sich hinter sie hätte flüchten können. Und die ganze Zeit murmelte er vor sich hin: „Das gibt's doch gar nicht, das gibt's doch gar nicht, er kann doch nicht einfach weg sein, er kann sich ja nicht in Luft aufgelöst haben!"

Das beschwörende Gemurmel half nichts! Der Karpfen war nicht zu finden, der war einfach futsch! Bis halb acht Uhr suchten der Franzi und ich nach ihm, dann

brüllte meine Mutter zur Wohnungstür raus: „Christl, Christl, wo bist denn, es ist Zeit zum Schulegehen!"

Als ich ein paar Minuten später, mit der Schultasche auf dem Rücken, dem Haustor zuging, war auch vom Franzi nichts mehr zu sehen, aber im zweiten Stock oben keifte seine Mutter so laut, dass man bis zum Haustor runter jedes Wort gut hören konnte. Dass kein Kind so vertrottelt wie das ihre sei, kreischte sie. Sich waschelnass zu machen und dann nicht einmal zu wissen, wie das passiert sei, so saublöd könne nur ihr Franzi sein!

Zu Mittag kam ich grantig von der Schule heim, weil mir meine drei Schulfreundinnen gar nichts geschenkt hatten.

Mein Großvater stand im Hausflur, hinter dem Haustor, und putzte seine Schuhe. Das tat er immer auf dem Gang draußen. Er erzählte mir, dass es am Vormittag eine riesige Aufregung gegeben habe. So gegen zehn Uhr sei die alte Sipek plötzlich im Haus herumgelaufen und habe laut geschrien, dass man ihr ihren Karpfen gestohlen habe. Wie eine Furie sei sie von Tür zu Tür, habe mit der Faust an die Türfüllungen geschlagen und gedroht, zur Polizei zu gehen, wenn der hundsgemeine Dieb nicht sofort ihren Karpfen rausrücke.

„Und?", fragte ich. „Hat ihn wer rausgerückt?"

„Nein", sagte mein Großvater.

„Ist sie zur Polizei gegangen?", fragte ich.

„Ist sie", sagte mein Großvater. „Aber die Polizei tut nichts. War ja nicht mal ihre Tür aufgebrochen, und sie

sagt selber, dass seit gestern niemand bei ihr in der Wohnung drin gewesen ist." Mein Großvater tippte sich mit einem schuhpastaschwarzen Zeigefinger an die Stirn. „Soll die Polizei vielleicht gegen einen Geist ermitteln?"

„Und was ist jetzt?", fragte ich.

Mein Großvater kicherte. „Die Sipek", sagte er, „will jetzt den Dieb selbst finden. Weil Fisch nach Fisch riecht, wenn man ihn kocht, und weil das bis auf den Gang raus zu riechen ist."

Den Franzi sah ich an diesem Tag nicht mehr. Den sah ich erst wieder am nächsten Vormittag, am 24. Dezember. Er war unheimlich gut aufgelegt. Er habe in der Nacht nicht schlafen können, erzählte er mir. Wegen dem Karpfen. Hin und her habe er überlegt, wohin der Fisch gekommen sein könnte. Und da sei er draufgekommen, dass der liebe Gott den armen Fisch zu sich in den Himmel raufgeholt habe, anders könne er sich das alles nicht erklären!

„Glaubst du auch daran?", fragte er mich.

„Nur wenn's heut am Abend aus keiner Tür nach Fisch riecht", antwortete ich.

Es roch am Heiligen Abend aus keiner Wohnungstür nach Fisch. Die alte Sipek schlich jede halbe Stunde aus ihrer Wohnung raus und machte einen Rundgang durch alle Stockwerke. Zu jedem Schlüsselloch beugte sie sich runter und schnupperte. Erst gegen Mitternacht gab sie auf.

Aus unserem Schlüsselloch duftete es an diesem Hei-

ligen Abend nach Schweinsbraten. Ich fragte meine Mutter, woher sie auf einmal den großen Brocken Schweinefleisch habe. Vor ein paar Tagen hatte sie doch noch drüber gejammert, dass sie uns nicht mal zu Weihnachten ein Stückerl Fleisch auf den Tisch stellen könne.

Meine Mutter gab mir keine Antwort. Aber meine große Schwester sagte: „Den hat der Papa geschenkt bekommen." Ich fragte meinen Vater, wer ihm denn den Schweinsbraten geschenkt habe.

„Ist doch Weihnachten", sagte mein Vater, „da lässt der liebe Gott eben manchmal etwas direkt vom Himmel fallen!" So viel ich auch weiter fragte, er blieb dabei. Vom Himmel sei der Schweinsbraten gefallen!

Im Nachbarhaus allerdings hat es an diesem Heiligen Abend gewaltig nach Fisch gerochen. Das hat mir am Stefanitag die Susi erzählt. Aus der Wohnungstür vom Bogner ist der Fischgeruch gekommen.

Der Bogner war ein Freund meines Vaters und hatte auch einen Cousin im Burgenland, und der brachte ihm jedes Jahr zu Weihnachten einen großen Brocken Schweinefleisch. Obwohl der Bogner Schweinefleisch gar nicht so besonders gern aß, Fisch mochte er viel lieber.

Den Franzi habe ich nicht darüber aufgeklärt, dass der liebe Gott den Karpfen wahrscheinlich nicht zu sich in den Himmel raufgeholt hat. Und gar so sicher war ich mir ja auch nicht. Hätte doch auch sein können, dass er den Karpfen zuerst zu sich in den Himmel raufgeholt und ihn dann meinem Vater vor die Füße fallen hat lassen!

*Lieber, guter
Weihnachtsmann ...*

Lieber, guter Weihnachtsmann,
weiß nicht, ob einer wie du das kann,
aber falls du dazu imstande,
mach bitte Frieden im Lande!
Mach, dass sich alle besser vertragen,
einander keine Gemeinheiten sagen,
nie streiten, nie gierig sind, nie lügen,
nie neidisch sind und nie betrügen,
keinen vergessen, keinen verlachen,
keinen zur Sau oder Schnecke machen.
Dass es weder Sieger noch Verlierer gibt
und jeder jeden ein bisschen mehr liebt.

PS:
Weiß schon, ist viel Arbeit, macht wenig Spaß,
aber kriegst du sie hin, so schenk ich dir was:
Ein Kilo Watte, flauschig und zart,
für einen nagelneuen Rauschebart!

*Sogar die rote Leine
hatte ich schon*

Es war im Krieg, wahrscheinlich im letzten Winter vor dem Kriegsende, an das Christkind glaubte ich jedenfalls nicht mehr, da wünschte ich mir zu Weihnachten einen Hund. Einen Bernhardiner. Genau so einen, wie der Wirt an der Ecke einen gehabt hatte, wollte ich.

Der war mein Freund gewesen. Stundenlang waren wir im Sommer nebeneinander vor der Wirtshaustür gehockt oder hinter unserem Haustor oder im Wirtshausgarten. Er hatte seinen dicken Schädel in meinem Schoß liegen gehabt, ich hatte ihn zwischen den Ohren gekrault und ihm alles erzählt, was man mit Menschen, auch wenn man sie gern mag, nicht bereden kann. Und im Winter hatte ich ihn jeden Tag in der Wirtshausküche besucht, wo er auf einer alten Decke, neben dem großen Herd, vor sich hingedöst hatte. Erzählt hatte ich ihm dann nichts, denn die Wirtin war ja auch in der Küche gewesen, aber gestreichelt hatte ich ihn. Und unheimlich gefreut hatte ich mich, wenn die Wirtin zu mir gesagt hatte: „Na endlich bist da, er wartet schon seit in der Früh auf dich!"

Der Bernhardiner vom Wirten war seit ein paar Monaten tot. Erschossen hatte ihn der Wirt. Weil er für das Riesenvieh nicht mehr genug Fleisch hatte auftreiben können. Ich kam mir ziemlich verlassen vor.

Meine Mutter mochte Hunde nicht besonders. Sie

wollte überhaupt kein Haustier haben. Meine Großmutter verabscheute Hunde, sagte zu ihnen immer nur „stinkende Flohköter". Meine Schwester hatte auch keine Sehnsucht nach einem Hund, schon gar nicht nach einem Bernhardiner. Vor großen Hunden hatte sie Angst, um die machte sie immer einen großen Bogen.

Nur mein Großvater verstand mich, aber auch er sagte, dass es ganz unmöglich sei, für einen Bernhardiner zu sorgen. Weil so ein großer Hund in einer Woche mehr Fleisch frisst, als damals unsere Familie in einem ganzen Monat zugeteilt bekam.

„Schau, Menscherl", sagte er immer zu mir, „wenn nicht einmal mehr unser Wirt einen Bernhardiner ernähren kann, dann musst du doch einsehen, dass deine Mama das schon gar nicht kann. Wäre nicht Krieg, wäre Frieden, würdest du von mir sofort einen Hund kriegen, auch wenn deine Mama deswegen mit mir schimpfen täte, aber ein Hund braucht doch etwas Anständiges zu fressen! Mit dem, was wir auf die Lebensmittelkarten kriegen, können wir nicht mal den winzigsten Rehrattler durchfüttern!"

„Die Berghammer, die Brunnmeier und die Sikora haben aber einen Hund!", sagte ich dann stur.

Und er erklärte mir geduldig: „Die Berghammer haben Geld wie Heu, die kaufen im Schleichhandel Fleisch für den Hund, die Brunnmeier haben ihr Klavier dem Fleischhauer gegeben, dafür gibt er ihnen jeden Tag Hundsfutter, und der arme Sikora-Pinscher ist eh schon

todkrank, weil er von Erdäpfeln und altem Brot leben muss."

Unser Klavier war im letzten Sommer kaputtgegangen. Es hatte unzählige Bombensplitter abbekommen, als die Bombe aufs Nachbarhaus runtergesaust war, und war daher nicht mehr gegen Hundefutter einzutauschen. Dass mein Vater in absehbarer Zeit aus Russland heimkommen und so viel Geld mitbringen würde, dass es für Schleichhandelsfleisch reichte, war nicht zu erwarten. Einen Bernhardiner mit Erdäpfeln und altem Brot krankfüttern wollte ich auch nicht.

Aber meine Sehnsucht nach Hundsfell und Hundsschnauze war einfach zu groß! Darum sagte ich trotzdem jedes Mal, wenn mich jemand fragte, was ich mir denn zu Weihnachten wünsche: „Einen Bernhardiner!"

Schließlich kann man ja auch Wünsche aussprechen, die einem nicht erfüllt werden, und außerdem hoffte ich trotz allem immer noch auf einen Bernhardiner.

Ich war gewohnt, dass mir Wünsche, wenn sie mir wirklich wichtig waren, erfüllt wurden. Als ich mir den roten Puppenwagen gewünscht hatte, hatte meine Mutter ihren wunderschönen Fuchskragen vom Wintermantel runtergetrennt und ihn bei einer Freundin gegen einen fast neuen roten Puppenwagen eingetauscht. Und als ich einen großen Kaufmannsladen haben wollte, bastelte ihn mein Großvater – weil es nirgendwo einen zu kaufen gab – in wochenlanger Arbeit selbst.

Ich glaubte fest daran, dass man nur besonders stark

wünschen muss, damit ein Wunsch in Erfüllung geht. So sagte ich meiner Mutter, meiner Großmutter, meinem Großvater und meiner Schwester jeden Tag dreimal, dass ich mir zu Weihnachten nichts anderes wünsche als einen Bernhardiner. Und meinem Vater schrieb ich jede Woche einen Feldpostbrief nach Russland und teilte ihm den Bernhardiner-Wunsch in riesigen Blockbuchstaben mit.

In der ersten Adventwoche, als ich wieder einmal meinen Bernhardiner-Wunsch vorbrachte, wurde meine Mutter fuchsteufelswild. Sie schimpfte mich ein verdammt idiotisches, unbelehrbares Kind, fragte mich schreiend, ob ich denn immer noch nicht kapiert habe, dass Krieg sei und dass die Menschen zu wenig zu essen hätten und dass es eine Sünde sei, in einer solchen Zeit überhaupt daran zu denken, auch noch ein Hundevieh durchzufüttern! Und wenn ich ihr weiter mit dem blödsinnigen, unverschämten Hundswunsch in den Ohren liege, werde sie verrückt und komme ins Irrenhaus, und dann sei ich ein armes, mutterloses Kind und müsse unter der Fuchtel meiner strengen Großmutter leben und jeden Tag Einbrennsuppe mit Mehlbröckerln zu Mittag essen.

So fuchsteufelswild hatte ich meine Mutter überhaupt noch nie gesehen. Das beeindruckte mich sehr. Ich sagte nichts mehr vom Bernhardiner und versuchte mich damit abzufinden, ohne ihn weiterleben zu müssen.

Aber dann, eines Abends, nach dem Nachtmahl, als ich mit meinem Großvater allein war, fragte er mich:

„Na, was glaubst denn, dass du heuer vom Christkinderl bekommen wirst?"

Da er mich nicht gefragt hatte, was ich mir wünschte, sondern was ich bekommen würde, sagte ich nichts vom Bernhardiner, sondern redete von Buntstiften und Puppenkleidern und einem Service für die Puppenküche.

Dass ich ein Puppenservice bekommen würde, wusste ich. Das lag im versperrten Kasten, in dem meine Mutter alle Geschenke für Weihnachten aufbewahrte. In einer Schachtel, in braunes Packpapier eingewickelt, lag das Puppenservice dort drinnen. Ich hatte heimlich, als meine Mutter einkaufen war, einmal den Kastenschlüssel aus der Kredenzlade geholt, den Kasten aufgemacht und ein bisschen vom braunen Packpapier runtergerissen. Gerade so viel, dass ich drunter eine auf den Schachteldeckel gemalte Teekanne und eine Tasse gesehen hatte.

„Und was kriegst von mir?", fragte der Großvater.

Ich hatte keine Ahnung. Letztes Jahr zu Weihnachten hatte er mir seinen goldenen Füllfederhalter geschenkt. Weil ich für die Schule eine Füllfeder gebraucht hatte und nirgendwo eine zu kaufen gewesen war.

„Neue Hausschuhe vielleicht?", probierte ich.

Der Großvater war mit einem Schuhhändler befreundet, der gab ihm manchmal einen „Schatz" aus seinem Vorkriegslager. Dafür reparierte ihm mein Großvater den Wecker, die Pendeluhr oder die Taschenuhr. Uhrmacher war mein Großvater zwar nicht, aber unheimlich geschickt. Er konnte fast alles reparieren.

Der Großvater lächelte und schüttelte den Kopf. „Etwas viel, viel, viel Schöneres", sagte er. „Da wirst du Augen machen!" Er beugte sich zu mir und flüsterte mir ins Ohr: „Etwas das lebt! Aber mehr verrate ich dir nicht!"

Mehr brauchte er mir auch nicht zu verraten! Etwas, das lebte und viel, viel schöner war als Hausschuhe, war ein Hund!

Ich fiel dem Großvater um den Hals und küsste ihn, was ich sonst gar nicht gern tat, auf den struppigen, weißen, kratzigen Schnurrbart.

„Aber nichts verraten", mahnte der Großvater. „Das darf keiner erfahren!"

Das schwor ich ihm hoch und heilig. Ich war ja nicht dumm, ich wusste doch, dass zu Weihnachten die „Überraschungen" das Allerwichtigste sind. Niemand sollte erfahren, dass der Großvater geplaudert hatte! Sonst hätten ihn meine Mutter und die Großmutter ausgeschimpft.

Ganz heimlich holte ich den kleinen, alten Strohkorb vom Dachboden, und als mich meine Mutter dabei ertappte, wie ich aus meiner karierten Dirndlschürze ein Kissen nähte und es mit Holzwolle füllte, mogelte ich und sagte, dass ich meiner Puppe Luiselotte ein Puppenbett bastle.

Und als meine Mutter dahinterkam, dass ich meine „Deutschen Heldensagen" bei der Hermine gegen eine feste, neue, rote Hundeleine eingetauscht hatte, band ich

mir die Hundeleine um den Bauch und behauptete, sie gefalle mir als Gürtel.

Es beunruhigte mich auch nicht, als meine Mutter eine Woche vor Weihnachten zu unserer Nachbarin sagte: „Die Kleine will unbedingt einen Hund, aber das geht natürlich nicht in diesen lausigen Zeiten!"

Ich kannte doch die Erwachsenen! Die stellen Wünsche gern als „völlig ausgeschlossen" hin. Damit ihnen die „Überraschung" gelingt und die Freude dann besonders groß ist. Den Puppenwagen und den Kaufmannsladen hatten sie auch für „ganz unmöglich" erklärt, und dann waren sie doch unter dem Christbaum gestanden.

Am Heiligen Abend wunderte ich mich aber schon, dass der Großvater seelenruhig in der Wohnung, in seinen Filzpantoffeln und seiner alten Strickweste, herumsaß. Er musste doch irgendwann den Hund holen gehen! Im Kasten eingesperrt, wo alle anderen Weihnachtsgeschenke lagen, konnte der Hund ja nicht sein.

Als es Nachmittag wurde und alle Geschäfte, auch die Tierhandlung auf der Hauptstraße unten, zugesperrt hatten, war ich mir dann sicher: Mein Hund musste bereits irgendwo im Haus sein!

In der Wohnung, entschied ich, war er garantiert nicht. Unsere Wohnung war nicht groß. Da hätte ich ihn bemerkt. Ich stieg auf den Dachboden hinauf, ich stieg sogar in den Keller hinunter, obwohl ich vor dem Keller große Angst hatte. Aber auch im Keller war kein Bellen und kein Winseln zu hören, da war kein Hund. Wäre

auch zu gemein, sagte ich mir, einen jungen Hund im finsteren, kalten Keller abzustellen!

Und wenn der Hund nicht in der Wohnung war, nicht auf dem Dachboden und nicht im Keller, dann konnte er nur bei unserer Nachbarin sein. Und von dort würde ihn der Großvater kurz vor der Bescherung holen. Natürlich war er bei der Nachbarin! Warum sonst wohl hätte sie zu mir gesagt: „Heute geht es wirklich nicht, Christerl", als ich sie hatte besuchen wollen. Sonst ließ sie mich immer in ihre Wohnung. Sonst freute sie sich, wenn ich zu ihr auf Besuch kam.

Ich schmückte mit meiner Schwester den Tannenbaum. Mit Glaskugeln und Strohsternen und Lametta. Und mit vierundzwanzig Zuckerwürferln in Fransenpapier. Die Zuckerwürferln hatte der Großvater zusammengespart. Seit Anfang Dezember hatte er in der Früh seinen Ersatzkaffee ungezuckert getrunken.

Ich horchte die ganze Zeit zur Nachbarwohnung hin. Die Wand zwischen unserer Wohnung und der Nachbarwohnung war dünn. Jeden Huster, jeden Nieser hörte man durch. Ich hörte aber kein Bellen, kein Winseln. Vielleicht schläft mein Hund, dachte ich. Außerdem sang meine Schwester unentwegt Weihnachtslieder. Laut und falsch sang sie. Möglicherweise übertönt die laute und falsche Singerei das Bellen eines kleinen Hundes, dachte ich.

Es war anzunehmen, dass mir der Großvater keinen Bernhardiner, sondern den kleinsten Hund gekauft hatte,

der aufzutreiben gewesen war, weil der kleinste Hund am wenigsten frisst, und weil meine Mutter zu einem kleinen Hund wohl leichter zu überreden gewesen war als zu einem großen.

„Schnackerl", überlegte ich mir, war der beste Name für so einen winzigen Hund. Oder vielleicht „Fleckerl", falls er ein scheckiges Fell hatte. Oder doch lieber „Karo"? So hatte er Bernhardiner vom Wirten geheißen.

Punkt sieben Uhr war bei uns zu Hause immer die Bescherung. Darum mussten meine Schwester und ich um halb sieben ins kleine Kabinett rein. Meine Mutter brauchte ja Zeit, um im Zimmer die Geschenke unter den Christbaum zu legen und die Kerzen am Baum anzuzünden.

Die Kabinetttür hatte meine Mutter natürlich zugemacht. Aber hören, was sich draußen, vor der Tür tat, konnte ich. Ich hörte sogar, dass jemand an der Wohnungstür der Nachbarin klingelte. Und gleich danach hörte ich die Filzpatschen-Schlurfschritte meines Großvaters. Die kamen vom Gang her in unsere Wohnung rein und tappten an der Kabinetttür vorbei dem Zimmer zu.

Jetzt hat er meinen Hund herübergeholt, dachte ich. Meine Schwester saß neben mir auf dem Lotterbett, kaute an ihren Fingernägeln herum und sagte zu mir: „Hoffentlich bekomme ich den Schal, den ich mir gewünscht habe, und hoffentlich ist er nicht grün, grün steht mir nicht, blau mit roten Streifen hätte ich ihn am liebsten!"

Ich biss auch an meinen Fingernägeln herum und hoffte, dass der Hund, wenn er schon winzig klein war, wenigstens lange, weiche Haare haben würde. So seidig wie die vom toten Bernhardiner.

Endlich bimmelte das Weihnachtsglöckchen vor der Kabinetttür. Meine Schwester sprang vom Lotterbett und flitzte aus dem Kabinett, ich ging ganz langsam hinterher, weil man auf das große Glück nicht zurennen kann. Dem muss man sich Schritt um Schritt nähern, sonst schnappt man über vor Glück!

Unser Christbaum reichte bis zur Zimmerdecke, viele Kerzen waren nicht drauf, und die paar, die drauf waren, waren stummelkurz. Kerzen gab es damals auch keine zu kaufen. Aber Wunderkerzen hatte meine Mutter irgendwo ergattert, an jedem Ast der riesigen Tanne hingen mindestens zwei davon und sprühten einen Sternenhimmel in das Zimmer.

Links vom Christbaum, das war jedes Jahr so, lagen die Geschenke für mich. Ich sah eine Schachtel Buntstifte und einen Zeichenblock, eine braune, lederne Schultasche und das Puppenservice.

Und dann war da noch ein großes, eckiges Ding, zugedeckt mit einem weißen Leinentuch. Der Großvater stand neben dem Ding, lächelte mir zu und zog das weiße Leinentuch weg.

Ein silberner Vogelkäfig mit einem Wellensittich drin stand vor mir. Blau war der Wellensittich. Der Großvater bückte sich, machte das Gittertürchen vom Vogelkäfig

auf, griff nach dem Wellensittich und holte ihn aus dem Käfig raus.

„Hansiburli heißt er", sagte der Großvater. „Komm, nimm ihn, er kann sogar Bussi geben!"

Er setzte den Wellensittich auf seinen Zeigefinger und hielt ihn mir dicht vor das Gesicht. „Na, so nimm ihn doch, deinen Hansiburli!", drängte er.

Ich griff nach dem kleinen Vogel, nahm ihn in die Hand und schloss die Hand zur Faust. Auf der einen Seite der Faust schaute der blaue Vogelkopf heraus, auf der anderen Seite der blaue Schwanz. Der Vogel pickte mich mit seinem scharfen Schnabel in die zarte Haut zwischen Daumen und Zeigefinger. Ich brüllte auf und öffnete die Faust.

Der Wellensittich plumpste zu Boden und blieb liegen. Er war tot. Ich fing zu weinen an.

Der Großvater und meine Mutter trösteten mich. Sie sagten, dass ich vor Schreck und vor Schmerz die Faust um den Hansiburli-Vogel zu fest zusammengepresst habe, und dass der Hansiburli-Vogel wahrscheinlich ein besonders zerbrechlicher Sittich gewesen sei, und dass das kein sehr großes Unglück sei. Weil man so einen Wellensittich nach den Feiertagen nachkaufen könne. Und an so einem schönen Tag solle ich doch nicht traurig sein, nur wegen einem kleinen blauen Vogel.

Sie streichelten mich, sie küssten mich, sie wischten mir die Tränen von den Wangen und versicherten mir immer wieder, dass ich gewiss nicht schuld sei am trauri-

gen, frühen Ende vom Hansiburli-Vogel, dass ich ganz sicher nichts „dafür" könne.

Aber ich hörte nicht zu weinen auf, denn ich spürte genau, dass ich etwas „dafür" konnte. Es waren nicht nur der Schmerz und der Schreck gewesen, die mich die Faust so fest hatten zusammenpressen lassen, da war auch viel Wut und bittere Enttäuschung dabei gewesen.

Ich schämte mich, weil sie mich für besser hielten, als ich war. Und ich schämte mich auch, weil es mir nicht gelang, wegen dem toten Vogel zu weinen. Ich beweinte einen Hund, den es nie gegeben hatte, den außer mir niemand kannte. Und weil ihn außer mir niemand kannte, konnte mich seinetwegen auch niemand trösten. Und weil mich niemand tröstete, fühlte ich mich doppelt schuldig.

Ich bestrafte mich damit, dass ich kein einziges Mal mehr den Wunsch nach einem Hund aussprach. Das machte es ein bisschen leichter für mich. Aber ganz leicht war es trotzdem nicht, zu wissen, dass man eine ist, die aus Wut und Enttäuschung einen Vogel totmacht.

Liebes Christkind!

Liebes Christkind!
Deine Absichten sind sicher die besten,
und was du so bringst zu den Festen,
ist wirklich sehr reichlich und ganz wunderbar,
bloß falsch verteilt, wenn nicht ungerecht gar!
Du kommst halt nur einmal im Jahr,
und da ist es doch sonnenklar,
dass du überhaupt keine Ahnung hast,
wer was braucht und zu wem was passt!
Drum kriegen die, die schon alles haben,
von dir noch sackweise sündteure Gaben,
und wer arm wie eine Kirchenmaus,
geht leider meistens leer bei dir aus.
Du hättest das sicher gern umgekehrt,
also sei dahingehend von mir belehrt:
Was du bisher an Nachbars Evi verschwendet,
hättest du besser gerechterweise mir gespendet.
Nachbars Evi hat hundert Bücher, liest aber keines.
Ich würd gern Bücher lesen, hab aber nur eines.
Puppen hat die Evi mindestens zehn,
die können Pipi machen und selber gehn.
Meine einzige Puppe hat unser Hund zerrissen,
Arme und Beine auf tausend Fetzen zerrissen.

Tat er garantiert nur, weil er ewig Hunger hat,
bei uns wird nämlich nicht mal das Hundevieh satt.
Und die Mama sagt, für neue Spielsachen
kann sie nicht auch noch Schulden machen.
Statt Nachbars Evi die elfte Puppe zu schenken,
solltest du endlich an mich einmal denken.
Auch wenn es dir Nachbars Evi schwer übel nimmt:
bring heuer einfach zu Tür 7, was für Tür 8 bestimmt!

PS:
Kann diesen Brief ja nicht zu dir raufschicken,
drum werd ich ihn an die Nachbartür picken,
wo du ihn, wenn du kommst, auf alle Fälle sehen musst,
also nimmer sagen kannst: Das hab ich ja nicht gewusst!

Die große Gemeinheit

Manchmal erzählen erwachsene Leute von einer großen Gemeinheit, die ihnen erwachsene Leute damals, als sie noch Kinder waren, angetan haben.

Denen, die zuhören, kommt das oft gar nicht besonders gemein vor. Die denken sich dann: Was regt sich der so drüber auf, wenn dem nicht Ärgeres als Kind passiert ist, kann er froh sein!

Wenn der Anton von viel früher erzählt und von der großen Gemeinheit, die man ihm angetan hat, ist das auch eine Weihnachtsgeschichte. Fünfzig Jahre ist es schon her, dass sie der Anton erlebt hat.

Damals war er neun Jahre alt. Er wohnte auf dem Land, in einem kleinen Dorf. Seine Eltern hatten dort eine Greißlerei.

Die anderen Leute im Dorf nahmen Weihnachten nicht sehr wichtig. Die waren Bauern. Bei denen gab es zu Weihnachten nur einen kleinen Christbaum, mit nichts drauf als ein paar dünnen weißen Kerzen und ein bisschen Engelshaar. Und die Bauernkinder bekamen zu Weihnachten Fäustlinge oder eine Mütze oder ein Hemd. Und weiße Semmeln kriegten sie zu essen.

An allen anderen Tagen im Jahr gab es nur selbst gebackenes Schwarzbrot. Das schmeckt gut, wenn es frisch ist, aber die Bauern buken nur alle drei Wochen. Brot, das drei Wochen alt ist, schmeckt überhaupt nicht gut. Da freut man sich über weiße Semmeln zu Weih-

nachten, aber besonders wichtig sind sie einem auch nicht. Die Greißlerkinder und die Doktorkinder waren die einzigen Kinder im Dorf, für die Weihnachten mehr bedeutete als weiße Semmeln, Mützen, Hemden und Fäustlinge.

Die Mutter vom Anton liebte Weihnachten besonders. Schon lange vor Weihnachten tat sie immer recht geheimnisvoll. Einmal in der Woche fuhr sie mit dem Bimmelzug in die Stadt, und wenn sie wieder heimkam, hatte sie jedes Mal ein oder zwei Päckchen in der Tasche, die waren fest verschnürt, und dann sagte sie zum Anton und seinen Geschwistern: „Die hat mir das Christkind mitgegeben!"

Alle Päckchen, die das Christkind der Mutter vom Anton mitgegeben hatte, kamen in die große Kredenz im Wohnzimmer, und der Schlüssel von der Kredenz war in der Schürzentasche der Mutter. Niemand außer ihr und dem Christkind durfte in die Kredenz hineinschauen.

Anfang Dezember brachte sie auch den Adventkalender aus der Stadt mit. Und der Anton zählte jeden Tag die Tage bis Weihnachten ab, und wievielmal er noch ins Bett gehen und schlafen musste, bevor der Heilige Abend endlich da war. Und an die Kredenz musste er auch immer denken! Die Weihnachtsgeschenke waren nämlich eine sehr unsichere Sache.

Sagte der Anton: „Ich wünsche mir heuer zu Weihnachten ein Paar neue Schi!", wiegte seine Mutter den Kopf und sagte mit Seufzerstimme: „Ich weiß wirklich

nicht, ob du dem Christkind brav genug warst für neue Schi!"

Aber gleich nachher lächelte sie wieder so geheimnisvoll, dass der Anton dachte: Sicher bekomme ich die neuen Schi!

Und dann wieder, wenn der Anton etwas getan hatte, was nicht besonders brav gewesen war, sagte seine Mutter: „Da wird das Christkind heute Nacht kommen und sich alle deine Packerln zurückholen und sie einem anderen, viel braveren Kind bringen!"

In der Gegend, wo der Anton lebte, schneite es schon im November, und der Schnee schmolz den ganzen Winter nicht weg. Bis in den April hinein konnte man dort Schi fahren. Und oft musste man Schi fahren. Im Winter holte der Anton jeden Tag die Milch vom Bauern auf Schiern. In die Schule fuhr er meistens auch auf Schiern. Schi waren sehr wichtig für ihn.

Und genauso wichtig waren Bücher für ihn. Er las schrecklich gern. Die Bücher brachte ihm jedes Jahr das Christkind. Wenn man nur einmal im Jahr Bücher bekommt, ist man natürlich sehr neugierig, ob es auch die richtigen Bücher sein werden, denn dann braucht man Bücher zum Immer-wieder-Lesen. Bücher, wo Seiten drin sind, die man auch zehnmal lesen kann.

Und so fragte der Anton fast jeden Tag seine Mutter: „Wie viele Bücher kriege ich denn diesmal zu Weihnachten? Und was für Bücher sind das? Sag's mir nur so ungefähr, bitte!"

Aber die Mutter lachte bloß immer und sagte: „Das weiß ich doch nicht, da müsstest du schon das Christkind selbst danach fragen!"

Das ganze Glück hing also vom Christkind ab, und der Mutter vom Anton machte das Spaß. Fast zwei Monate lang hatte sie einen braven Anton, der meistens folgte und nur ganz selten schlimm war, damit er das Christkind nicht verärgerte. Er wusste natürlich, dass es kein Christkind gab, aber das traute er sich nicht zu sagen; auch das hätte das Christkind verärgern können.

Mit jedem Tag zu Weihnachten hin jedenfalls wurde der Anton aufgeregter, und an manchen Abenden, wenn es im Haus schon ganz still war, lag er im Bett und dachte darüber nach, ob er das größte Verbrechen der Welt wagen sollte. Das größte Verbrechen der Welt war, den Schlüssel zur Kredenz aus der Schürzentasche der Mutter zu stibitzen und nachzuschauen, ob in der Kredenz auch der „Lederstrumpf" lag, und vielleicht sogar der „Winnetou". Und jeden Tag durchforschte der Anton erfolglos den Dachboden und den Keller und hielt Ausschau nach einem schmalen, langen Paket. Schi passten ja nicht in die Kredenz hinein.

Und dann kam der 24. Dezember. Der Anton war längst wach, als es draußen noch dämmerte, und er war schon fix und fertig angezogen und vor dem Haus, als sein Vater noch in der Küche beim Frühstück saß. Er wollte mit dem Vater den Christbaum vom Bauern holen. Entsetzlich lang wartete er vor dem Haus und fror

erbärmlich. Dann lief er ins Haus rein, um den Vater zu holen.

Der Vater und die Mutter waren im Zimmer beim kleinen Bruder vom Anton. Der kleine Bruder hatte vorgestern gehustet, gestern hatte er Halsweh bekommen, und nun lag er im Bett und hatte ganz hohes Fieber. Dabei war es doch noch früh am Morgen, um diese Zeit hat man selten hohes Fieber. Der kleine Bruder keuchte auch so komisch und gab keine Antworten, wenn man ihn etwas fragte.

Die Mutter vom Anton rief den Doktor an, aber der war nicht zu Hause. Nur die Frau vom Doktor war daheim, und die versprach: „Gleich, wenn mein Mann zurückkommt, schick ich ihn rüber!"

Der Anton ging wieder vors Haus. Er machte Schneebälle und warf sie gegen den Zaun. Er rutschte den eisigen Weg zur Straße auf dem Hintern hinunter, er stieg auf die Leiter, brach Eiszapfen von der Dachrinne und lutschte daran und wartete, dass endlich der Doktor kommen würde, und dann endlich der Vater zu ihm raus, um mit ihm den Christbaum vom Bauern zu holen. Er wurde immer ungeduldiger.

Zu Mittag holte ihn das Dienstmädchen ins Haus und schimpfte mit ihm. Sie sagte, wenn er stundenlang im Schnee herumrenne, werde er bald genauso todkrank wie sein kleiner Bruder sein.

Der Anton blieb in der Küche sitzen. Bis der Doktor kam. Der Doktor sagte, der kleine Bruder habe eine

Lungenentzündung und müsse ins Spital. Damals gab es noch kein Penicillin, und eine Lungenentzündung war eine sehr gefährliche Krankheit. Die Mutter weinte. Der Vater weinte nicht, aber er hatte auch schreckliche Angst um seinen kleinen Sohn.

Zwei Stunden dauerte es, bis das Rettungsauto da war. Die Männer vom Rettungsdienst brachten den in eine Decke gewickelten kleinen Bruder auf einer Tragbahre zum Auto. Sie schoben ihn hinein und schlossen die Autotür. Dann stiegen sie selbst ein und fuhren weg.

Der Vater vom Anton holte seinen alten Volkswagen aus der Garage, die Mutter schlüpfte in ihren Fuchspelzmantel. Sie weinte immer noch und schnäuzte sich. Das Dienstmädchen weinte auch. Und die ganz kleine Schwester plärrte. Aber die plärrte oft.

Um den Anton kümmerte sich niemand. Er lief hinter seiner weinenden Mutter her, als die zum Volkswagen ging. „Wo fahrt ihr denn hin?", fragte er.

„Ins Spital, in die Stadt", schluchzte die Mutter.

Der Anton hatte sehr lange auf Weihnachten gewartet, und er war sehr lange brav gewesen, er hatte sich beherrscht und das größte Verbrechen der Welt nicht begangen. Jeden Tag hatten sie ihm gesagt: „Am Heiligen Abend wird man ja sehen, ob du dem Christkind brav genug gewesen bist!"

Und nun war der Heilige Abend da, und seine Eltern wollten ins Auto steigen und wegfahren.

Der Anton packte die Mutter am Fuchspelzmantel,

hielt sie fest und fragte: „Und was ist jetzt mit den Geschenken?"

Da schrie ihn der Vater an: „Dein Bruder ist todkrank, und du Schweinkerl denkst an deine Geschenke!" Er schubste den Anton von der Mutter weg, und der Anton trottete ins Haus zurück.

Das Dienstmädchen hat dann den Christbaum vom Bauern geholt und aufgeputzt. Spät am Nachmittag sind der Vater und die Mutter aus der Stadt zurückgekommen. Die Mutter hat nicht mehr geweint, weil ihr die Ärzte im Spital geschworen hatten, dass der kleine Bruder in ein, zwei Wochen wieder ganz gesund sein würde.

Geschenke hat es für den Anton am Abend natürlich gegeben. Ob es die Schi waren, und welche Bücher es waren, weiß er heute nicht mehr. Der Anton erinnert sich nur noch an das schreckliche Gefühl: Sie halten mich alle für einen schlechten Menschen! Und dass er nicht wusste, ob sie damit Recht hatten, und dass das grauslich für ihn war, daran erinnert er sich auch.

Heute noch verteidigt sich der alte Anton deswegen und beteuert, dass er doch auch um den kleinen Bruder Angst gehabt hat und sagt, dass man doch kein schlechter Mensch ist, wenn man neben der Angst auch noch an den Lohn für das Bravsein denkt.

Weihnachten, übrigens, mag er nicht sehr. Und Schi und Bücher und andere Sachen, die Kinder mögen, kauft er seinem Sohn lieber an den ganz gewöhnlichen Donners-

tagen oder Freitagen und schenkt sie dann auch gleich her. Und ob sein Sohn an diesen Tagen brav war oder nicht, interessiert ihn überhaupt nicht.

Advent, Advent...

Advent, Advent,
das Christkind flennt.
Hat keinen lumpigen Heller in bar,
dazu noch Schulden vom letzten Jahr,
sein Konto ist total überzogen,
die Bank fühlt sich schwer betrogen,
rückt ihm keinen Kredit mehr raus.
Das Christkind fliegt traurig nach Haus.

Zwei Buntpapierketten

Beim Basteln war ich als Kind ungeschickt, und einmal, als wir drei Tage vor Weihnachten eine Kette für den Christbaum machen sollten, stellte ich mich besonders dumm an.

Wir hatten von der Lehrerin vier Blatt Buntpapier bekommen, rot, grün, blau und gelb, auf der Rückseite gummiert. Die Lehrerin hatte uns gezeigt, wie das Kettenmachen geht. Von einem Blatt hatte sie einen schmalen Streifen geschnitten, den hatte sie in drei Teile geschnipselt, dann hatte sie eines der Streiferln an einem Ende auf der gummierten Seite feucht gemacht und das feuchte Streiferlende auf das trockene gedrückt, so, dass ein Ringerl draus geworden war. In das hatte sie ein Streiferl gefädelt und es wieder zu einem Ringerl geschlossen.

„So", hatte sie gesagt, „macht ihr weiter, bis alle Streiferln Ringerln sind und ihr eine lange Kette habt!" Und dann hatte sie noch gesagt: „Geht heikel mit dem Papier um, mehr davon gibt es nicht, eh ein Wunder, dass wir das bekommen haben!"

In der Schule, als uns die Lehrerin das Kettenmachen erklärt hatte, war es mir babyleicht vorgekommen, doch daheim dann ging alles schief. Die Streifen, die ich vom Buntpapier schnitt, wurden nicht gleichmäßig, obwohl ich mit Bleistift und Lineal Linien vorgezeichnet hatte. Krumm und schief fielen sie aus, jedes anders breit. Und

die Streiferln, in die ich sie teilte, wurden ungleich lang. Kleben wollten sie schon gar nicht! So fest ich auch die Streiferlenden zusammendrückte, wenn ich die Finger wegzog, sprangen sie wieder auseinander.

Also ging ich in die Küche und kochte Kleister. Den machte meine Mutter, wenn sie Klebstoff brauchte; zu kaufen gab es damals, kurz nach dem Krieg, keinen. Kleister kochen ist nicht schwierig. Man tut Wasser und Mehl in einen Topf, stellt ihn auf die Gasflamme und rührt, bis im Topf ein dicker, blubbernder Gatsch ist. Wichtig dabei ist bloß, dass man die richtige Menge Mehl nimmt, und da irrte ich mich, weil ich allein daheim war und keinen fragen konnte.

Zuerst hatte ich zu wenig Mehl im Wasser und bekam dünne Mehlsuppe. Ich schüttete Mehl nach. Leider zu viel. Einen zähen Klumpen am Kochlöffel kriegte ich. Ich goss Wasser auf den Klumpen und rührte, bis er sich aufgelöst und ich dicke Mehlsuppe hatte. In die schüttete ich wieder Mehl und dann wieder Wasser, bis ich endlich tadellosen Kleister hatte, und zwar eine gewaltige Menge. Randvoll war der Topf.

Ich trug ihn zum Tisch, holte mit einem Schöpflöffel einen brennheißen Kleisterklacks raus und klatschte den zum Auskühlen auf eine Untertasse. Dann wartete ich, bis der Kleisterklacks lauwarm war und schmierte eins der Streiferln an einem Ende mit ihm ein.

Aber ich war im Basteln eben eine Niete! Ich hatte zu viel Kleister erwischt. Als ich das Streiferl zum Ringerl

drückte, quatschte Kleister aus der Klebestelle, das ganze Ringerl wurde rundum klebrig, meine Finger auch, und als ich mit den Kleisterfingern das nächste Streiferl nahm, pickte es an den Fingern fest.

Verzweifelt wurstelte ich mit Kleister und Streiferln herum. Aber so viel Mühe ich mir auch gab, bald waren überall auf dem Tisch Kleisterpatzen, in denen zerknitterte Streiferln pickten; auf meiner Bluse klebten auch ein paar, und meine Kette hatte erst fünf ungleich große Glieder, und die hingen nicht locker ineinander, sondern waren ein knittriges, klebriges Knäuel.

Vor Wut fing ich zu heulen an, beim Tränenwegwischen wurde mein Gesicht kleistrig. Das machte mich noch wütender, und wenn man wütend ist und die Augen voll Tränen und Kleister hat, gelingt einem eine heikle Arbeit schon gar nicht.

Aber da ich unbedingt eine Buntpapierkette in die Schule bringen musste, das war schließlich meine Hausübung, machte ich heulend weiter, stieß dabei an den Topf, der kippte, und der Tisch wurde zu einem Kleistertümpel, in dem die Schere versank und Lineal, Bleistift, das scheußliche Kettenknäuel und die Buntpapierstreiferln schwammen.

Ich holte Ausreibfetzen und Kübel aus der Küche. Mit dem Fetzen wollte ich den Kleister vom Tisch in den Kübel wischen. Im Nu war der Fetzen ein quatschiger Klumpen. Ich lief mit ihm in die Küche zurück, wusch ihn aus, flitzte ins Zimmer und wischte weiter. Unzählige

Male rannte ich mit dem Quatsch-Klumpen hin und her, bis der Tisch halbwegs sauber war. Dann wusch ich Schere, Lineal, Bleistift, Untertasse und Kleistertopf sauber, setzte mich auf das Stockerl und heulte drauflos. Weil ich mir sehr Leid tat. Wer sich viel Mühe gibt, sollte wenigstens ein bisschen Erfolg haben, dem dürfte nicht alles daneben gehen!

Außerdem hätte ich gern eine Buntpapierkette für unseren Christbaum gehabt. Den Christbaum hatte meine Mutter schon gekauft. Im Hof draußen, bei den Mistkübeln, stand er. Riesengroß war er. Aber Zuckerln und Schokolade zum Einwickeln in Fransenpapier gab es nicht, und unser Christbaumschmuck war im Krieg kaputtgegangen. Als die Bombe ins Nachbarhaus gesaust war, hatte der große Luftdruck, den so eine Bombe erzeugt, auch in unserer Wohnung viel kurz und klein geschlagen. Vom Christbaumschmuck waren bloß die Kerzenhalter, ein paar Strohsterne und zwei blecherne Weihnachtsmänner heil geblieben. Eine Buntpapierkette hätte der Christbaum gut brauchen können, um nicht nackt dazustehen.

Gerade als ich zu weinen aufgehört hatte und nur noch ein bisschen schluchzte, kam der Großvater heim. Ich erzählte ihm, was mir Fürchterliches passiert war und heulte wieder los.

„Dann machen wir halt eine neue Kette", sagte der Großvater.

„Hab doch kein Buntpapier mehr", schluchzte ich.

Der Großvater holte ein Markstück aus der Hosentasche. Kurz nach dem Krieg gab es keine Schillinge, da zahlte man noch mit Deutschen Reichsmark.

„Renn zum Pechtloff", sagte der Großvater. „Sag ihm, dass dein Opa dringend Buntpapier braucht!" Der Pechtloff war der Papierhändler und ein Freund vom Großvater. Er hatte im Hinterzimmer allerhand „Vorkriegsware". Die verkaufte er nur Leuten, die er besonders gut leiden konnte. Buntpapier war damals nicht leicht zu kriegen, schon gar nicht in vier verschiedenen Farben in einem Geschäft. In einer Papierhandlung gab es überhaupt keines, in einer nur blaues, in anderen nur grünes; und rotes – wahrscheinlich weil es die Kinder am liebsten haben – war ganz selten aufzutreiben.

Aber der Pechtloff holte für mich aus dem Hinterzimmer vier Bogen Buntpapier, rot, grün, gelb und blau, ganz wie ich sie brauchte. Als er hörte, dass der Großvater eine Kette draus machen musste, brachte er noch einen Tiegel Pelikanol. „Damit er ordentlich kleben kann", sagte er und wickelte Buntpapier und Kleber in Zeitungspapier. Weil niemand sehen sollte, welche Schätze er mir verkauft hatte.

Ich flitzte heim und wickelte die Schätze aus. Der Großvater setzte sich zum Tisch. Ich schob ihm Bleistift und Schere zu, aber die wollte er nicht. Er holte ein scharfes Schneidemesser. „Da wird's akkurater", erklärte er.

Und dann schnitt er mit dem Messer, am Lineal entlang, alle vier Bogen auf einmal zu Streifen. Ohne zu messen, ohne vorher Linien zu ziehen, ganz nach Augenmaß. Aber das hatte der Großvater halt! Auf den Millimeter genau waren die Streifen gleich breit und die Streiferln nachher gleich lang, und beim Ringerlkleben quatsche ihm kein bisschen Pelikanol aus der Klebestelle, weil er das Pelikanol mit einem Pinsel auftupfte.

Am nächsten Morgen ging ich, die Schultasche auf dem Rücken, einen Schuhkarton in den Armen, aus dem Haus. Im Karton war die Buntpapierkette. Als ich sie, in der Klasse angekommen, rauszog, waren die Kinder piff-paff. Drei Meter Kette, ohne den geringsten Patzer, als ob sie von einer Maschine gemacht worden wären, lagen auf meinem Pult!

Die Ketten der anderen Kinder waren zwar ein bisschen länger und ein bisschen weniger hässlich als das fünfgliedrige Ding, das ich selbst zuwege gebracht hatte, aber gegen die Großvater-Kette waren sie nichts als lächerlicher Ausschuss.

Die Lehrerin war auch ganz hingerissen. Zehnmal fragte sie mich: „Und die hast du wirklich allein zuwege gebracht?"

Zuwege, sagte ich mir, hatte ich sie ja gebracht. Hätte ich nicht geheult, hätte sich der Großvater sicher nicht ans Basteln gemacht. Dann wäre er zum Tarockieren ins Kaffeehaus gegangen. Kartenspielen war ihm lieber als Basteln. Zum Pechtloff war ich auch gelaufen, und hätte

ich den Großvater bei der Arbeit nicht unterhalten, hätte er die Lust verloren. Also hatte ich die Kette „zuwege" gebracht und nickte, sooft mich die Frau Lehrerin fragte; so lange, bis sie mir glaubte und zu den anderen Kindern sagte: „Da seht ihr, was guter Wille ausmacht, nehmt euch ein Beispiel!"

Die Kette hängte sie an die Wand. Bis morgen Mittag, sagte sie, bis die Weihnachtsfeiern anfingen, solle die Kette da hängen, um die Klasse zu schmücken. Das Lob machte mich so stolz, dass ich vergaß, wem es in Wirklichkeit zustand, und als mich die Resi in der Pause bat, für ihren Christbaum auch so eine Kette zu machen, sagte ich zu.

Während der nächsten Stunde fiel mir aber ein, dass ich das voreilig versprochen hatte. Mir zuliebe hatte der Großvater aufs Tarockieren verzichtet. Der Resi zuliebe war er dazu garantiert nicht bereit.

So sagte ich zu Mittag, als wir aus der Schule gingen, zur Resi: „Ich kann dir doch keine Kette machen, mir ist eingefallen, dass ich etwas anderes am Nachmittag vorhabe. Und Buntpapier habe ich außerdem keins mehr."

„Kriegst von mir", sagte die Resi, holte die Schultasche vom Rücken und zog vier Blatt Buntpapier raus, von denen bloß ein paar Zentimeter fehlten. „Ich hab fast nichts verbraucht, weil ich gleich gemerkt hab, dass ich das nicht kann."

Dann zog sie noch ihr Geduldsspiel aus der Tasche. Eine Rarität von einem Geduldsspiel war das, eines mit

einem Teufelskopf unter dem Glas. Wenn man die zwei Kugerln in die Augenhöhlen des Teufels bugsiert hatte, blinkte es hinter ihnen rot auf, als ob kleine Feuerblitze aus dem Teufelsschädel kämen.

„Das kriegst, wennst mir die Kette machst!", sagte die Resi.

Ich grapschte danach und sagte: „Die Kette kriegst!"

Mir gefiel der blitzende Teufel nicht, aber der Schurli aus dem Nachbarhaus war hingerissen gewesen, als ihm die Resi das Geduldsspiel einmal gezeigt hatte, und seit Tagen überlegte ich, was ich dem Schurli zu Weihnachten schenken konnte. Etwas Wunderbares musste es sein. Damit er endlich merkte, dass ich eine bessere Freundin für ihn wäre als die Traudl. Das Geduldsspiel schickte mir der Himmel! Und den Großvater, dachte ich, werde ich schon zum Basteln überreden. Mit hundert Küssen auf den struppigen Schnauzbart kriege ich das hin, und wenn das nicht reicht, heule ich wieder los. Weinen kann mich der Großvater nicht sehen, das bricht ihm das Herz!

Als ich in unsere Gasse einbog, sah ich den Schurli vor dem Nachbarhaus stehen. Mit der Traudl. Er hatte einen Arm um ihre Schultern gelegt. Ich ging auf die beiden zu, stellte mich neben den Schurli und fragte, weil mir nichts Besseres einfiel: „Habts heute noch eine Aufgabe auf? Wir nicht mehr!"

Die Traudl sagte: „Wir haben was Wichtiges zu reden, du störst!" Der Schurli sagte nicht, dass sie mit mir nicht

so reden dürfe, der grinste verlegen. Aber ich hatte ja das Geduldsspiel im Mantelsack, und ob ich es dem Schurli heute oder morgen gab, war egal, unter den Christbaum konnte ich es ihm sowieso nicht legen!

Ich griff in den Mantelsack, sagte: „Da hast, schenk ich dir zu Weihnachten", und überreichte dem Schurli das Geduldsspiel.

Der Schurli war hingerissen! Die Traudl interessierte ihn überhaupt nicht mehr, total abgemeldet stand sie neben uns. Als sie das kapiert hatte, streckte sie uns die Zunge raus und rannte weg. Der Schurli holte aus der Hosentasche einen speckigen Radiergummi und ein rotes Bleistiftstumpferl. „Für dich", sagte er. Und dann sagte er: „Ich geh morgen Eis laufen, wennst auch gehst, könnt ich dich vorher abholen?"

Vom Schurli zum Eislaufen abgeholt werden, war das Größte! Vor lauter Glück konnte ich nur nicken und brachte kein Wort raus. War aber auch nicht nötig, denn der Schurli sagte „Servus" und ging ins Haus rein. So glückselig kam ich daheim an, dass mir erst beim Mittagessen auffiel: Der Großvater sitzt nicht am Tisch!

„Wo ist der Großvater?", fragte ich.

„Der hat Kohlen aus dem Keller raufgeholt und sich dabei das das Kreuz verrissen", sagte die Großmutter. „Im Bett liegt er!"

Obwohl ich meinen Teller noch nicht leer gegessen hatte, sprang ich auf. Der Hunger war mir vergangen. Ich lief ins Zimmer der Großeltern. Der Großvater lag

im Bett, auf dem Rücken, und starrte zur Zimmerdecke.

„Kannst dich aufsetzen?", fragte ich ihn.

„Ich kann mich nicht mal umdrehen", sagte der Großvater.

„Und wann kannst wieder sitzen?", fragte ich.

„Wird sich ausgehen, dass ich übermorgen, wenn's Christkindl kommt, aus dem Bett raus kann", sagte der Großvater.

„Kannst im Liegen eine Buntpapierkette basteln?", fragte ich. Der Großvater hob einen Arm und tippte sich mit dem Zeigefinger gegen die Stirn.

„Ich brauche unbedingt noch eine Kette", sagte ich. „Für die Resi, sie hat mir ihr Geduldsspiel dafür gegeben!"

Der Großvater sagte: „Musst es ihr halt wieder zurückgeben."

„Ich hab's aber dem Schurli gegeben", sagte ich.

„Musst es halt vom Schurli zurückverlangen", sagte der Großvater. „Und wennst das nicht willst, gib ihr halt deine Kette." Dann schloss er die Augen, und das hieß: Lass mich in Ruhe!

Ich schlich aus dem Zimmer, ohne ihm zu erklären, dass ich das Geduldsspiel unmöglich vom Schurli zurückverlangen und meine Kette auch nicht der Resi geben konnte. Die hing doch in der Klasse als Wandschmuck! Würde ich morgen in der Schule die Resi auf Mittag vertrösten und ihr dann meine Kette geben, wäre doch klar, dass ich keine Kette basteln konnte und gelo-

gen hatte, und die Lehrerin würde es auch erfahren!

Ratlos hockte ich in der Küche und stocherte im kalt gewordenen Essen rum. Endlich hatte ich einen Einfall. Ich beschloss: Ich werde eine Kette basteln, die wird natürlich hässlicher Ausschuss, ich zerknülle und zerfetze sie und bringe den zerknüllten, zerfetzten Ringerlhaufen in die Schule und sage der Rosi, dass mich auf dem Schulweg ein Hund angefallen und die Kette ins Maul bekommen und durch den Schnee gezerrt hat, und dass ich nichts dafür kann, dass sie jetzt kaputt ist.

Ich schob den Teller weg und holte das Buntpapier, das mir die Resi gegeben hatte, den Tiegel Pelikanol, das Lineal und das Schneidemesser vom Großvater.

Die Großmutter stand beim Abwaschschaff, sah das Messer und rief: „Das ist zu scharf für einen Patschachter wie dich!"

„Ich muss aber Streifen vom Buntpapier schneiden", sagte ich.

Die Großmutter trocknete sich die Hände ab, kam zum Tisch, nahm mir das Messer aus der Hand und fragte: „Wie breit?"

„Einen Zentimeter breit", sagte ich.

„Du hältst das Lineal, ich schneide!", kommandierte die Großmutter.

Exakt auf den Millimeter genau, wie es der Großvater geschafft hatte, wurden die Streifen, die wir schnitten, nicht. Aber die Großmutter sagte, bei Buntpapierketten komme es auf einen Millimeter auf oder ab nicht an.

Jedenfalls war der Küchentisch ein paar Minuten später mit Buntpapierstreifen bedeckt, und die Großmutter ging zum Abwaschschaff zurück.

Die Streifen mit der Schere auf Streiferln schnipseln, meinte sie, könne ich allein, das gehe mit der Schere, mit der werde ich mir keinen Finger abschneiden. Ich schnipselte von einem Streifen ein Stück ab und probierte, ob es ein Ringerl in richtiger Größe ergab.

„Was machst du da?", fragte meine Schwester. Sie war in die Küche gekommen, um sich ein Glas Wasser zu holen. Ich erklärte es ihr.

„Gib her, du Patschachter!" Meine Schwester nahm mir die Schere aus der Hand und schnipselte, bis alle Streifen zu kleinen, fast gleich langen Streiferln geworden waren.

Und als ich das erste Streiferl mit Pelikanol zu einem Ringerl klebte, kam meine Mutter vom Friseur heim. Sie sagte: „Du Patschachter kannst das nicht!", und wollte mir den Pinsel mit dem Pelikanol drauf aus der Hand nehmen. Aber mein Ringerl war tadellos. Pelikanol klebte halt besser als Kleister. Und mit einem Pinsel ist besser arbeiten als mit den Fingern.

„Nein, das kann ich!", rief ich und gab den Pinsel nicht her. Den ganzen Nachmittag saß ich beim Küchentisch und fädelte Streiferln in Ringerln und drückte Enden übereinander, bis das letzte Streiferl zum Ringerl geworden war.

Meine Kette wurde nicht ganz so schön wie die vom

Großvater, ein bisschen kürzer wurde sie auch, aber Lust, sie zu zerknüllen und zu zerfetzen, hatte ich keine. Richtig stolz war ich sogar auf sie.

Am nächsten Morgen ging ich früher als sonst in die Schule. Kein einziges Kind war in der Klasse, als ich reinkam. Nicht einmal die Lehrerin saß beim Lehrertisch. Die war noch im Lehrerzimmer. Ich nahm die Großvater-Kette von der Wand und hängte meine Kette auf. Die Großvater-Kette legte ich aufs Pult der Resi.

Den ganzen Vormittag über hatte ich Herzklopfen und wartete drauf, dass ein Kind sagen würde: „Bitte, Frau Lehrerin, da hängt heute eine andere Kette, eine weniger schöne!" Oder dass die Lehrerin zur Wand gehen, meine Kette stirnrunzelnd betrachten und sagen würde: „Was soll das? Wer hat die schöne Kette vom Christerl gegen dieses unschöne Ding ausgetauscht?"

Aber weder das eine noch das andere geschah. Wir sangen Weihnachtslieder, die Lehrerin erzählte uns vom bettelarmen Jesulein, die Kinder erzählten ihr, was sie gern vom Christkind bekommen würden, dann war es zwölf Uhr, die Glocke bimmelte, wir durften heimgehen.

„Vergiss deine schöne Kette nicht!", sagte die Lehrerin zu mir. Ich lief zur Wand, holte die Kette runter, stopfte sie in den Schuhkarton und tat erleichtert den Deckel drauf.

Warum ich die Ketten ausgetauscht und mir dafür vier Stunden Herzklopfen eingehandelt habe, kann ich mir nicht mehr erklären. Ich erinnere mich nur noch

daran, dass es mir damals als das einzig Mögliche erschienen ist.

Advent, Advent…

Advent, Advent,
der Weihnachtsmann kennt
eine alte Frau, die strickt aus Resten
ganz abscheuliche Westen.
Liefert ihm jährlich drei Stück davon,
ganz gratis, nur für Gotteslohn!
Klar, dass er das Zeug nicht ablehnen kann,
wär zu unhöflich vom Weihnachtsmann.
Aber warum kriege ich zu allen Festen
die drei schockabscheulichen Westen?
Will auch mal Diesel oder Replay tragen,
hab's satt, dass mich die Kinder fragen:
„Was hast denn du heut Komisches an?"
Sei nett, gütiger Weihnachtsmann,
hab dir das Zeug lang genug abgenommen,
lass es heuer bitte wem andern zukommen!

Glossar

Bassena	Wasserhahn mit gusseisernem Becken in alten Mietshäusern, den sich mehrere Familien teilten
Brocken	großes Stück
Buttenzwerg	Schimpfwort
derweil	inzwischen; währenddessen
Dodel	Dummkopf
Drahtrastel	Vorrichtung zum Abstellen des heißen Bügeleisens
eh	ohnehin
Enkerl	Enkelkind
Erdäpfel	Kartoffeln
Fetzen	Lappen; billiges Kleidungsstück; Alkoholrausch; hier: Scheuertuch
G'wascht	Wasserlache
Gang	Hausflur
Greißlerei	Gemischtwarenhandlung
Häus(e)l	Toilette
Hausfrau	hier: Hausbesitzerin
Kabinett	hier: kleines, einfenstriges Zimmer
Kartl, Karterl	Kärtchen
Koloniakübel	Mülleimer

Krampus	Knecht Ruprecht; Teufel als Begleiter des Hl. Nikolaus
Kredenz	Anrichte
Kübel	Eimer
Lotterbett	Klappbett, tagsüber als Sofa benützt
ma	man; wir
Mistkübel	Mülleimer
Parterre	Erdgeschoß
Patschachter	ungeschickter Mensch
Patschhand	kleine dicke Hand
plattelvoll	randvoll
raunzen	nörgeln; greinen
Riesenradau	Mordslärm
rumpritscheln	planschen
Rupfensack	Sack aus grobem Leinen
Schaff(l)	Zuber, Bottich
wacheln	winken; fächeln
Zangl, Zangerl	kleine Zange
zinkern, zinken	aus Zink bestehend; verzinkt

Inhaltsverzeichnis

Advent, Advent ...	5
Erdäpfel und Kohlen	9
Zwei Weihnachtsmänner	26
Ein hellblauer Pullover	31
Ans Christkind	45
Der Weihnachtskarpfen	49
An den Weihnachtsmann	63
Sogar die rote Leine hatte ich schon	67
Liebes Christkind!	81
Die große Gemeinheit	85
Advent, Advent ...	95
Zwei Buntpapierketten	99
Advent, Advent ...	115
Glossar	119

CHRISTINE NÖSTLINGER IM DACHS-VERLAG

FÜR ERWACHSENE

Iba de gaunz oamen Leit

Ein Hund kam in die Küche

Geplant habe ich gar nichts

Mit zwei linken Kochlöffeln

Liebe Tochter, werter Sohn

Ein Löffel für den Papa

BILDERBÜCHER

Anna und die Wut (ab 6)

Die feuerrote Friederike (ab 6)

Klaus zieht aus (ab 5)

Klicketick (ab 5)

Nöstlinger/Sidibè, Madisou (ab 6)

CHRISTINE NÖSTLINGER IM DACHS-VERLAG

MINI-REIHE (ab 7)

Mini erlebt einen Krimi

Mini ist die Größte

Mini als Hausfrau

Mini muss in die Schule

Mini ist kein Angsthase

Mini und Mauz

Mini fährt ans Meer

Mini trifft den Weihnachtsmann

Mini wird zum Meier

Mini bekommt einen Opa

Mini muss Schifahren

Christine Nöstlinger
im Dachs-Verlag

ab 8 Jahren

Der liebe Herr Teufel

Der Wauga

Simsalabim

Susis geheimes Tagebuch / Pauls geheimes Tagebuch

ab 10 Jahren

Am Montag ist alles ganz anders

Achtung, Vranek sieht ganz harmlos aus

Anatol und die Wurschtelfrau

Das Austauschkind

Der Denker greift ein

Der geheime Großvater

Die Geschichten von der Geschichte vom Pinguin

Rosa Riedl Schutzgespenst

Die verliebten Riesen

Echt Susi

Sowieso und überhaupt

ab 12 Jahren

Wetti und Babs